南瞻部洲大日本国
天文祖保井算哲従四位上
前右左衛門尉大府春海畫
入道雲於圖師春海公

監修者——加藤友康／五味文彦／鈴木淳／高埜利彦

［カバー表写真］
『天象列次分野之図』
（国立中央博物館〈韓国〉）

［カバー裏写真］
渾天儀（上）と地球儀
（渋川春海製作）

［扉写真］
渋川春海肖像
（鳳晴堂光正『天経大意録』）

日本史リブレット人050

渋川春海

失われた暦を求めて

Hayashi Makoto
林　淳

目次

①
歴と改暦———1
分水嶺としての貞享改暦／朝鮮の暦の歴史

②
渋川春海と保科正之———8
碁方の息子／名君の保科正之／改暦の発端／正之を囲むサロン／イデオローグ吉川惟足／天照大神の政治／西洋と朝鮮の影響

③
改暦までの道のり———28
保科正之の計画／挫折の後／一条兼輝と近衛基熙／大統暦の採用／春海の口状書

④
改暦の社会的影響———53
暦師にとっての改暦／ビジネスとしての改暦／造暦のプロセス／貞享暦への批判／綱吉と天文密奏／天文暦術の社会的普及

⑤
春海と土御門泰福の交流———78
春海の書簡／渋川家の復興／復古主義の時代

①──暦と改暦

分水嶺としての貞享改暦

渋川春海（一六三九〜一七一五、以下、春海と呼ぶ）が作成した暦法による貞享《じょうきょう》暦《れき》の施行は、日本の暦の歴史において一つの画期であった。古代においては、中国でつくられた元嘉《げんか》暦・儀鳳《ぎほう》暦・大衍《だいえん》暦・五紀《ごき》暦・宣明《せんみょう》暦が伝来して日本でも使用された。このなかで儀鳳暦のみ中国では麟徳《りんとく》暦と称されたにもかかわらず、日本では儀鳳暦と呼称された。その理由は、中国に儀鳳という年号（六七六〜六七九年）があり、六七七（儀鳳二）年に渡来したことによって儀鳳暦と呼ばれるようになったという説が有力である。それ以外の四つの暦は、いずれも中国暦の名称が、そのまま日本でも使われた。

それに対して近世には、貞享暦を手始めに宝暦《ほうりゃく》暦、寛政《かんせい》暦、天保《てんぽう》暦が作成された。いずれも施行された時の日本の年号で呼ばれた。たとえば貞享暦は、元《げん》の時代に郭守敬《かくしゅけい》が製作した授時《じゅじ》暦の数値や数式を使って計算されているが、授時暦と呼称されることはなかった。古代における中国暦の受容と、近世の暦

日本で施行された暦法

暦法	使用年	撰者
元嘉暦	5世紀〜 696（持統10）	何承天
儀鳳暦*	696〜 763（持統10〜天平宝字7）	李淳風
大衍暦	764〜 857（天平宝字8〜天安元）	一行
五紀暦	858〜 861（天安2〜貞観3）	郭献之
宣明暦	862〜1684（貞観4〜貞享元）	徐昂
貞享暦	1685〜1754（貞享2〜宝暦4）	渋川春海
宝暦暦	1755〜1797（宝暦5〜寛政9）	土御門泰邦
寛政暦	1798〜1843（寛政10〜天保14）	高橋至時
天保暦	1844〜1872（弘化元〜明治5）	渋川景佑
太陽暦	1873（明治6）〜	

＊儀鳳暦の開始年については諸説ある。

とでは、暦の名称のつけ方一つをとっても違いがあった。その点でも貞享暦は、暦の歴史上の画期であったといっても過言ではない。

日本では、平安《へいあん》時代中期から宣明暦が八二三年のあいだ継続して使われてきた。宣明暦は、唐《とう》の徐昂《じょこう》▲によってつくられて、中国では八二二年から八九二年までの七一年間施行された暦法であった。渤海《ぼっかい》の使者が宣明暦を日本にもたらし、八六二(貞観《じょうがん》四)年以降一六八四(貞享元)年まで、日本で施行されていた。日本で、中国の一〇倍以上の施行年数であったことは、注目に価しよう。それは、宣明暦施行以来、改暦が長く行われなかったことを意味する。長すぎた改暦の空白と、近世になると四度の改暦が切れ目なく行われたことのあいだにも、貞享改暦の前後で大きな変化がみられる。その意味でも貞享改暦は、日本の暦の歴史において分水嶺に位置しているといえよう。

朝鮮の暦の歴史

朝鮮では、宣明暦の時代が約五〇〇年続いた。新羅《しらぎ》の憲徳《ホンドク》王(在位八〇九〜八二六年)の時代に宣明暦は採用されたと考えられ、それが高麗《こうらい》の忠烈《チュンニョル》王(在位一

▼徐昂　生没年不明。唐の時代に観象《かんしょう》暦法・宣明暦法を編纂した天文学者。宣明暦はそれ以前の暦よりも日食《にっしょく》・月食《げっしょく》の予報に優れていた。

▼世宗　一三九七〜一四五〇。李氏朝鮮第四代国王。儒教をもとにした政治改革と自主的文化の興隆につとめる。簡儀台《かんぎだい》(天文観測台)をつくり、日時計・自動水時計などの機器を設置し、天文観測を行わせた。

世宗

二七四～一三〇八年）の時代まで続いた。その後の忠宣王《チュンソン》（在位一三〇八～一三一三年）の時代に授時暦が採用されるようになった。中国で元（一二七一～一三六八年）が成立すると、朝貢《ちょうこう》関係を維持するため、高麗は元の要求に従って授時暦を使わざるをえなくなったためである。

李氏《りし》時代の第四代世宗《セジョン》▲（在位一四一八～五〇年）の代には、世宗の命令によって、天文台の設置と天文機器の充実が進められた。授時暦と明《みん》の大統《だいとう》暦を参照して『七政算《しちせいさん》内篇・外篇』という独自の暦法のマニュアルが作成されて、国内では七政算▲による暦が使用されていた。しかし明との交流の面では、七政算によって作成された暦は、対外的には「大統暦」と呼称された。七政算による暦も大統暦も、授時暦を基盤にして製作された暦法であったから、広い意味では授時暦が暦法のモデルとして継続したといえる。

十七世紀以降、西洋からの天文学や数学の最先端の情報が、イエズス会宣教師を通じて中国に導入されて、その余波は朝鮮、日本にもおよんだ。西洋の天文学や数学の優位が中国の暦学者に認識されて、アダム＝シャール▲たちが開発した暦法による時憲《じけん》暦が、一六四五年から清《しん》の正規の暦に採用された。李氏朝

▼七政算　朝鮮の天文学者が、中国暦法とイスラム天文学の理論をふまえたうえで、みずからの観測と計算をもとにして作成した暦法のマニュアル。ソウルの緯度を基準に計算されている。

▼アダム＝シャール　一五九一～一六六六。ドイツのイエズス会宣教師。漢名は湯若望《とうじゃくぼう》。西洋天文学に準拠した『崇禎暦書《すうていれきしょ》』を編纂した。清では天文台長となり、『崇禎暦書』に基づいて国家の暦である時憲暦を作成した。

アダム＝シャール

朝鮮の観測施設（右）と観測台（簡儀台）の跡

鮮では、すぐに時憲暦に関する書物を集めて、北京《ペキン》に朝鮮の暦学者を派遣し、時憲暦の受容をはかった。その結果、朝鮮では一六五四年に時憲暦が導入されたが、まだ十分に使いこなすことはむずかしく、たえず微調整が加えられた。

朝鮮の暦の歴史を簡単に振り返ったが、朝貢関係のある中国と直接のつながりをもち、中国の暦の変化に敏捷に対応しようとしたことがわかる。宣明暦→授時暦→時憲暦という変遷を、朝鮮の暦の歴史は歩んだ。一方、日本では貞享改暦は、宣明暦から授時暦への転換に対応し、寛政暦は時憲暦の新マニュアルであった『暦象考成《れきしょうこうせい》後編』を参照した点で、時憲暦に追随していた。日本でも、宣明暦→授時暦モデル（貞享暦）→時憲暦モデル（寛政暦）という変遷をうかがうことはできる。しかし朝鮮と比較すると違いがある。とくに次の二点を指摘したい。

第一に、日本のほうが宣明暦の時代が格段に長く、宣明暦→授時暦→時憲暦という歴史的過程が、近世に圧縮して起こった。換言すると、宣明暦、授時暦、時憲暦という三つの暦が、中国・朝鮮のように時間軸上の前後の関係ではなく、同一空間に併存し、選択肢の対象になっていた。たとえば春海は、宣明暦の欠陥を指摘し、授時暦モデルの暦法作成に尽力し、時憲暦へ対抗心を燃やした。
第二に、朝鮮では直接に中国にいき中国暦を学び摂取していたが、日本では貞享暦でも寛政暦でも、書物を介して間接的に中国の暦法に学び、悪戦苦闘しながら暦法を開発した。近世日本の改暦は、中国を中心とした東アジアの出版文化に支えられて、遂行されたことに注意を払いたい。このような相違点がありながらも、朝鮮の暦と日本の暦とのあいだには、大局的にみるとパラレルな展開を見出すことができる。

春海の貞享改暦は、日本人によるはじめての改暦であったことが強調されることが多い。それは史実の一面ではあるが、この点のみを強調すると、まわりの世界が見えなくなる恐れがある。李氏朝鮮の世宗時代の『七政算内篇・外篇』作成と貞享改暦は、それぞれの国家で自主意識が高まった時期にあたっていた。太祖《たいそ》李成桂《イソンゲ》以来、儒教《じゅきょう》国家の建設がめざされ、崇儒抑仏《すうじゅよくぶつ》の政策がとられた。世宗は、民衆の識字のためハングルの制作を命じ、朱子学《しゅしがく》を受容し儒教の王道《おうどう》政治を行い、聖君《せいくん》として朝鮮の歴史に名を残した。他方で、十七世紀の明清交替の華夷変態《かいへんたい》▲に直面し、日本では小中華《しょうちゅうか》主義が高まり、同時に儒教の政治思

▼**華夷変態**　明が滅亡し清が樹立されたことで、中華が蛮夷《ばんい》に変わったと同時代の日本の知識人は認識した。林鵞峯《はやしがほう》・林鳳岡《ほうこう》の書名『華夷変態』に由来する。

想が幕政を担うエリートに受容されつつあった。十七世紀後半に王道政治を理想とする為政者が改暦を思い描き、改暦を推し進めた。

暦は、中国皇帝を頂点とする中国文明の象徴であり、中国皇帝が周辺国の王に賜与してきた長い歴史的経緯があった。それゆえに周辺国の王は、文明の精華である中国暦をつつしんで受容してきた。ところが自主意識が高まる時期になると、中国暦を受容し使用することに屈辱を感じる人があらわれて、自国における暦の製作を志向するようになる。李氏朝鮮の世宗の時代とは、民族の自主的な自覚が強まった時であった。貞享改暦も、十七世紀後半に日本中心の自意識が広がっていくなかで行われた。春海は、清を「戎狄《じゅうてき》」と名づけ中国人を「蛮人《ばんじん》」と呼んだ。彼が、日本を文明の中心にすえる日本中心主義者であったことは明白である。中国暦をそのまま日本で使うことは、中国の属国になることを意味し、中国の支配下に入ることに等しいことだと、春海は気炎を吐いた(『春海先生実記』)。

春海は、吉川惟足《よしかわこれたる》▲から吉川神道《しんとう》▲を学び、山崎闇斎《やまざきあんさい》▲の門人となって垂加《すいか》神道を志し、土御門泰福《つちみかどやすとみ》▲に天社《てんしゃ》神道▲の直伝を受けていた。春海が、なみならぬ神

▼**吉川惟足**　一六一六〜九四。神道家。江戸で生まれて、江戸で吉田神道の継承者萩原兼従《はぎわらかねより》に学ぶ。朱子学を吉田神道に取り入れた教えを説いた。諸大名に重用されて、幕府神道方になる。

▼**吉川神道**　吉田《よしだ》神道の神道説に依拠しているが、理気《りき》・太極《たいきょく》など宋学《そうがく》の思想の影響も受けている。儀式・行法《ぎょうほう》よりも天下国家をおさめる道を説いたところに特徴がある。

▼**山崎闇斎**　一四ページ参照。

▼**土御門泰福**　一六五五〜一七一七。陰陽頭。山崎闇斎に垂加神道を学び、陰陽道を天社神道・安《あん》家《け》神道と呼称する。一六八三(天和三)年に将軍綱吉の朱印状《しゅいんじょう》により陰陽師の支配を開始する。渋川春海の貞享改暦に協力した。

道の求道者《ぐどうしゃ》であったことはよく知られた事実であった。一般論として、天文暦術を学ぶために神道が必要であるわけではなく、また神道を求めていけば天文暦術に出合うわけでもなかった。しかし春海のなかでは天文暦術は、『日本書《にほんしょ》紀《き》』の世界を復元するためのツールでもあった。十七世紀後半の日本中心主義の高まりのなかで、さまざまなタイプの神道思想が勃興したが、春海は新しい神道思想の潮流に影響されて生きた人であった。

▼**天社神道**　土御門泰福が吉田神道や山崎闇斎の影響を受けてつくった神道の一流派。安家神道ともいう。土御門家が陰陽道《おんみょうどう》の宗《そう》家《け》でもあったので、陰陽道と同義に使われた。

②—渋川春海と保科正之

碁方の息子

渋川春海は、一六三九(寛永《かんえい》十六)年に碁方《ごかた》であった安井算哲《やすいさんてつ》▲の長男として京都で生まれた。算哲の父は、安井宗順《むねのぶ》という武士であった。宗順は、大坂の陣で徳川家康《とくがわいえやす》側につき、家康の上方《かみがた》案内役をつとめ、家康から河内国久宝寺《かわちのくにきゅうほうじ》一円を安堵《あんど》された。宗順の息子である算哲は、一五九〇(天正《てんしょう》十八)年に生まれ、幼名を六蔵《ろくぞう》と名乗った。幼い時より囲碁《いご》が得意で、一一歳の時に家康に謁し、碁方となって駿府《すんぷ》につとめることになった。

元来、囲碁は京都の公家《くげ》や僧侶《そうりょ》が遊んでいた娯楽であったのが、織田信長《おだのぶなが》・豊臣秀吉《とよとみひでよし》が嗜み、さらに家康も好んだことで、囲碁は武家《ぶけ》社会に急速に浸透するようになった。家康は、囲碁の家として本因坊《ほんいんぼう》・中村・安井・林の四家に扶《ふ》持《ち》をあたえて保護し、四家の碁方は、十月から十二月に江戸《えど》城で行われる「お城碁《しろご》」というトーナメント戦に参加し、将軍の前で腕前を披露した。さらに将軍をはじめとして武家への囲碁の指南役をつとめたり、対局の相手となったり

▼**安井算哲**　一五九〇〜一六五二。囲碁の家元であった安井家の始祖。幼時より囲碁を学び徳川家康などの囲碁の相手をつとめた。京都に住みながらも江戸にいき、将軍の前で対局を行った。三〇石の俸禄を受ける。実子がなかったので、門下の安井算知を養子とするが、のちに長子(渋川春海)が生まれ二世算哲となる。

した。四家は、京都に住まいをもっていて、三月に東上し、四月一日に登城し、十二月まで江戸で勤務するという生活を送った。四家の碁方は、「お城碁」の後、年末に将軍より暇《いとま》と時服《じふく》▲をもらうことが慣例であった。

家康が囲碁を嗜み、碁方を庇護したことが、娯楽としての囲碁の地位を安定させたといってよいだろう。家康以降、囲碁は徳川家の人びとの趣味の一つとなった。家康に取り立てられた算哲は、秀忠《ひでただ》、家光《いえみつ》などの徳川家の人たちの対戦相手をつとめた。

算哲は、一六五二(承応《じょうおう》元)年に六三歳で亡くなった。その時、春海はまだ一四歳であった。安井家を継いだのは、算哲の高弟であった安井算知《さんち》▲であった。算知は、天海《てんかい》の知遇をえて、徳川家光に召しだされたという経歴をもった。算知は、本因坊算悦《さんえつ》▲と、碁方のトップである碁所《ごどころ》を争い、一六六八(寛文《かんぶん》八)年に碁所にまで上り詰めた実力者であった。算哲以後の安井家は、算知の活動によって支えられたといって過言ではない。父の算哲が亡くなった後、春海はその職を継ぎ、二世算哲を名乗った。算知にサポートされながら、春海は碁方としての人生を歩みはじめる。

▼**時服**　朝廷や将軍から毎年、春秋または夏冬に臣下に支給された禄。

▼**安井算知**　一六一七～一七〇三。碁方。初代安井算哲の門弟で、安井家を継ぐ。渋川春海の後見人であった。

▼**本因坊算悦**　一六一一～五八。二世本因坊。本因坊家は一時中絶したが、算悦が継承し再興した。碁所を決めるための算知との対局は、最初の争碁といわれている。

春海は少年の頃から算術が得意で、天文にも深い関心をよせていた。そのことは、周囲の人びとにも知られていた。しかし本業は囲碁であり、算術、天文は趣味の範囲を出るものではなかった。春海は、碁方として生涯をまっとうするはずであった。しかし現実には、碁方としての人生をまっとうすることはなかった。それは、春海が希望したというより、権力者の意思が働いたからであった。幕府が改暦を決定して、白羽の矢を春海に立てたのであった。これによって春海の人生航路は、大きく変更を余儀なくされた。

名君の保科正之

四代将軍徳川家綱《いえつな》の時代に幕政《ばくせい》の中枢には、保科正之《ほしなまさゆき》という人物がいた。正之は徳川秀忠の庶子として生まれ、高遠藩《たかとおはん》の保科家へ養子に入り、高遠城主となった。異母兄弟にあたる家光は、ある時正之に会い、その聡明さを見抜き、信頼をよせるようになる。家光の日光《にっこう》社参▲に際して、正之は四度供奉《ぐぶ》を命じられた。出羽《でわ》山形に所替《ところがえ》となり、さらに会津《あいづ》へ転封《てんぽう》されたが、そのたびに加増された。いかに家光が正之を重んじていたかがうかがえる。家光は亡くなる直前

▼日光社参　将軍家が日光東《とう》照宮《しょうぐう》に参拝する行事。大名・旗《はた》本《もと》が供奉して膨大な人馬が徴発された。近世を通じて一九回行われたが、そのうちの一〇回は家光政権期であった。

▼大名証人制　大名の妻子、その重臣の身内を人質にとって江戸に住まわせた制度。幕府政治が安定し必要性がなくなり、保科正之が廃止を提言した。

▼諸社禰宜神主法度　一六六五(寛文五)年に出された神社神職を統制する法令。一部の大社を除き神社の禰宜・神主は、吉田家から裁許状をもらって衣装を着用し祭祀を行うことを定めた。この法度により吉田家は幕府から公認されて神職支配を行うようになった。

▼社倉制　社倉とは、飢饉《ききん》・災害に備えて米などの穀物を貯蔵する倉のこと。朱子の社倉法が継承

に正之を呼びだし、家綱の後見《こうけん》を頼んだ。

家綱は、一一歳で将軍に就任し、正之は少年の将軍の補佐役として幕政の舵とりに乗りだした。正之は、会津藩主でありながらも幕政の重職をよくこなし、困難な政治的局面を打開した。明暦《めいれき》の大火《たいか》とその事後処理、殉死《じゅんし》の禁止、大《だい》名証人《みょうしょうにん》制▲の廃止、末期養子《まつごようし》の禁の緩和、諸社禰宜神主法度《しょしゃねぎかんぬしはっと》▲など、正之が取り組んだ政策は着実に実績を残した。会津藩においても、社倉《しゃそう》制▲、定免《じょうめん》制▲という農業政策のことから、『会津風土記《ふどき》』『会津神社志《じんじゃし》』▲の作成、神社改めなどの文化事業まで、正之はきめ細かい政策を指示し、実行した。領民《りょうみん》の実情をよくみて、地域経済の立直しをはかった撫民《ぶみん》政策は、家臣《かしん》や領民から畏敬の念をもって受けとめられたといわれている。

正之は、十七世紀後半を代表する名君《めいくん》と称される人物であった。新井白石《あらいはくせき》は、「よく世を何事もなく静かにおさめられた」と語って正之の統治の手腕を称賛し、松平定信《まつだいらさだのぶ》は、「正之のひそみにならいたい」と常日頃から尊敬の念を表明した。この時代は、正之のみならず名君の出現の時代であった。尾張《おわり》藩の徳川義直《よしなお》▲・光友《みつとも》▲、紀州《きしゅう》藩の徳川頼宣《よりのぶ》▲、水戸《みと》藩の徳川光圀《みつくに》▲、岡山藩の池田光政《いけだみつまさ》▲は、十七世

されて中国だけではなくベトナム・朝鮮・日本でも行われた。

▼**定免制**　その年の収穫高によって徴収額を決める検見《けみ》制ではなく、豊凶にかかわらず定額の貢租《こうそ》を徴する制度。享保《きょうほう》の改革の一環として採用された。

▼**『会津神社志』**　二〇ページ参照。

▼**徳川義直**　一六〇〇～五〇。尾張藩初代藩主。領内の治水・新田開発・商工業の保護につとめる。林羅山《らざん》に師事し儒学を学び神道にも造詣が深かった。由緒ある神社に関して『神祇宝典《じんぎほうてん》』を著し考証した。

▼**徳川光友**　一六二五～一七〇二。尾張藩二代藩主。武技に優れるとともに、書画・管弦・茶道にも通じていた。

▼**徳川頼宣**　一八ページ参照。

▼**徳川光圀**　四一ページ参照。

紀後半をかざる名君にふわさしい人たちであった。名君に共通するところとして、儒教《じゅきょう》的教養を嗜み、統治者として仁政《じんせい》の実施に心がけ、領民の生活を豊かにするため撫民政策を講じた点がある。儒教が武家に浸透していき、仁政を政治的理想として、それに基づき行動しようとした政治家があらわれてきた。名君の出現は、このように武家による儒教の受容過程で生じた事態であった。

改暦の発端

正之は、ことのほか囲碁を愛好していた。初代算哲とも対局して、正之のほうがめきめき腕をあげ、「算哲の囲碁は田舎《いなか》風だ」と酷評したという。正之は算知をかわいがり、算知を会津の江戸藩邸に住み込ませたこともあった。二世算哲である春海は、父の亡きあと兄弟子である算知とともに行動し、碁方のつとめを地味に果たしていた。正之は、初代算哲・算知を通じて春海の存在を生まれた時から知っていたはずである。春海が算術を得意として、天文暦術にひいでていることを知った正之は、囲碁をやめて暦学に専心するように春海へ命じた。次のようなエピソードが残っている。

▼**池田光政**　一六〇九〜八二。岡山藩主。農政改革・新田開発を行う。儒学に傾倒し熊沢蕃山《くまざわばんざん》に学び、文治《ぶんち》主義による藩政の確立につとめた。閑谷《しずたに》学校を設立。寺請《てらうけ》制を廃して神道請を行った。

『**会津風土記**』　一六六六(寛文六)年に保科正之の命によって完成。近世における藩による地誌編纂の嚆矢とされる。中国方志《ほうし》と古風土記を編纂のモデルにした。

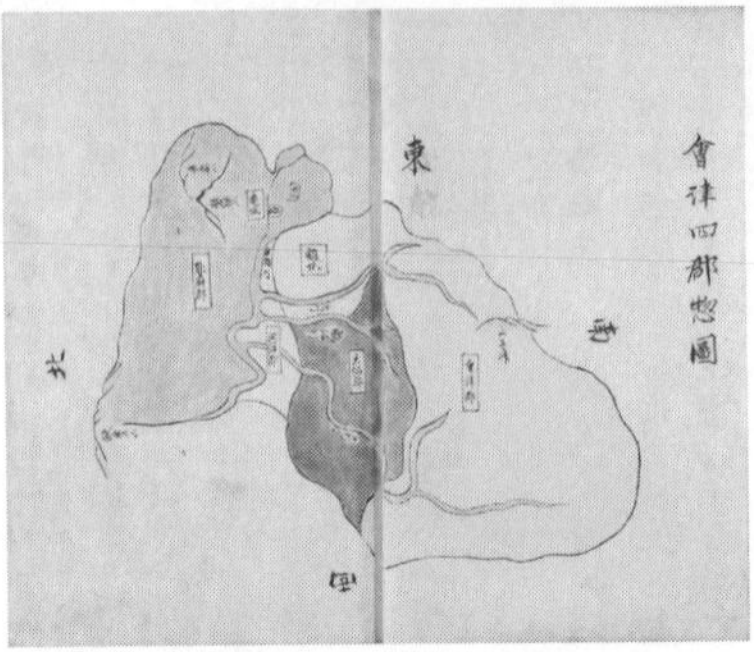

▼稲葉正則　一六二三〜九六。小田原藩二代藩主。祖母春日局《かすがのつぼね》に育てられる。老中となり、家綱政権・綱吉政権初期で幕政を主導する立場にあった。将軍の命で嫡子正往《まさみち》は、保科正之の娘を娶る。

保科正之

ある日、正之が算知を相手に碁を打っていた。正之が、普段にはなく、そわそわしているようすであった。算知は、それに気がつき、「何か心配なことがあるのでしょうか」と尋ねた。正之はこう答える。「大事の役を申しつけようと考えているが、こうするか、ああするか決めかねているのだ。それが心に浮かぶのだ」。それを聞いた算知は、「囲碁の道で決断を迷う時には、最初に考えたほうを採用するのがよいかと存じます」という。それを聞き正之はしばらく考え込んで、「そこで心が決まった。天意があった」と語ったという（『千戴《せんざい》之《の》松《まつ》』）。

春海は、幼少より天文暦術に志し、囲碁の家業をおろそかにしていたので、算知が苦労してきたことを正之は聞いていた。「世の中で暦算の術をできる人間はおらず、本朝《ほんちょう》で久しく宣明暦《せんみょうれき》が用いられているのは、推歩の技術のレベルが低いからだ。春海に暦算に精を入れさせ、研究させたならば、世のためにもなるはずだ。囲碁の上手は、ほかにもいるのだから、春海の初心を貫くように、暦算に出精させるべきだ」というのが正之の考えであった。これによって春海は、ますます天文暦術に精を出して研究し、正之は、老中《ろうじゅう》稲葉《いなば》正則《まさのり》▲へ春海に改暦を行わせるようにという旨を伝言した。

右のようなエピソードが本当にあったかどうかは、確かめようがない。しかし正之が、改暦を行うように命じたのは事実である。春海がいたから、改暦が幕府《ばくふ》の方針となったわけではない。そうではなく改暦の計画がさきにあって、正之はその任を果たせる人材をさがすなかで、春海を選んだ。もし春海がいなかったならば、正之は別の人材をさがし、改暦を命じたはずである。

正之には儒教の教養があったから、暦とは王者が天象を観測して、民にあたえるものだという中国にある「観象授時《かんしょうじゅじ》」の考え方を知っていたと思われる。また天と人とは感応するという中国の天人相関説《てんじんそうかんせつ》も、既知のことだったであろう。当時の暦は、地方ごとにまちまちに製作されて、様式も不統一であり、不便であった。農業の生産力向上のためにも、暦の全国統一が欠かせないと、正之は考えたと思われる。正之によって計画された改暦は、正之の生前には完遂されなかったが、五代将軍徳川綱吉《つなよし》の政権下において貞享《じょうきょう》改暦として実現した。正之の発案があればこそ、改暦は幕府の政策決定のテーブルに載った。

▼**山崎闇斎**　一六一八～八二。僧侶であったが、土佐《とさ》で谷時中《たにじちゅう》に朱子学を学び、還俗《げんぞく》し、儒学者となる。朱子の原点への復帰を説きつつ、朱子学と神道を融合させた垂加神道を創始した。多数の門弟がおり、崎門学派《きもんがくは》と呼ばれた。

▼**友松氏興**　一六二二～八七。保科正之の小姓《こしょう》として仕え家老《かろう》となる。吉川惟足・山崎闇斎に神道を学ぶ。闇斎は、氏興の学識を高く評価し絶賛した。『会津風土記』を編纂。

正之を囲むサロン

幕閣《ばっかく》の中枢にいて家綱政権を支え、多忙をきわめた正之ではあったが、読書を心がけて、談論風発を好んだことはよく知られていた。眼の病気をわずらっていた正之は、家臣に書物を音読させ、それを聞くというやり方をとっていた。疑問が浮かぶと、その場で正之は家臣と議論をした。吉川惟足《よしかわこれたる》・山崎闇斎《やまざきあんさい》▲といった気鋭の論客を招いては講義をさせ、議論を行った。惟足・闇斎の講義には、多くの家臣や知人が詰めかけた。正之を中心とするサロンが開かれて、思想と人の交流の場になっていた。

正之の人脈は、実に幅広かった。まず家臣のなかに儒教、神道に精通した教養人が多くいた。友松氏興《ともまつうじおき》▲・服部安休《はっとりあんきゅう》▲・横田俊益《よこたとします》・安藤有益《あんどうゆうえき》▲・後藤松軒《ごとうしょうけん》・有《あり》賀満辰《がみちたつ》などをあげることができる。知識人の世界では、吉川惟足・山崎闇斎以外にも幕府儒者の林鵞峯《はやしがほう》、その息子の林鳳岡《ほうこう》、幕府医師であった土岐重元《ときしげもと》▲などとの付合いがあった。武家のなかでは、笠間《かさま》藩主の井上正利《いのうえまさとし》▲、水戸藩主の徳川光圀、加賀《かが》藩主の前田綱紀《まえだつなのり》、小田原《おだわら》藩主の稲葉正則などと親しく交わっていた。春海も、正之のサロンに顔を出していた一人であった。

▼**服部安休**　一六一九〜八一。林羅山に儒学を学ぶ。保科正之に仕え正之の命で吉川惟足に師事する。『会津神社志』を編纂する。

▼**安藤有益**　一六二四〜一七〇八。暦算の才能をもって保科正之により会津藩に招聘される。水利治水・山の標高の確定・田畑の測量などを行った。暦学を研究し、『長慶宣命《ちょうけいせんみょう》暦算法』『本朝統暦《とうれき》』などを編纂した。

▼**土岐重元**　生没年不明。幕府の典医《てんい》。儒学の南学《なんがく》派の影響を受け、室鳩巣《むろきゅうそう》と交流があった。保科正之のサロンに出入りした一人。

▼**井上正利**　一六〇六〜七五。遠江《とおとうみ》横須賀《よこすか》藩二代藩主、常陸《ひたち》笠間藩初代藩主。家綱には将軍になる前から仕えた。一六五五(明暦《めいれき》元)年朝鮮通信使が日光山に参拝した際に諸事の沙汰を任された。

吉川惟足　惟足の伝記『視吾霊《あれみ》神行状』に描かれている肖像画。

▼吉田家　亀卜《きぼく》を掌る卜部《うらべ》氏の家柄で、神祇大副《たいふ》を世襲した家。吉田兼倶《かねとも》が独自の神道説を提唱し、神道管領長上《かんれいちょうじょう》を名乗った。のちに吉田家は神道裁許状《さいきょじょう》を発給して神職支配を行った。

正之の場合、儒教、とくに朱子学《しゅしがく》への帰依《きえ》は、生涯を通じて変わらなかった。それに加えて正之は、惟足の影響で神道に開眼し、『日本書紀《にほんしょき》』に親しむようになった。惟足は、十七世紀後半の思想界を席巻した思想家であった。垂加《すいか》神道を打ち立てた闇斎すら、吉川惟足には一目をおき弟子入りし、吉川神道の教説を学んだ。惟足は、十七世紀後半の名君のイデオローグとして世に知られていた。

イデオローグ吉川惟足

つぎに吉川惟足の教説を検討して、正之や春海がおかれていた時代の思想状況を考えることにしよう。惟足は、同時代の名君たちに広くインパクトをあたえた。惟足は、長いあいだ鎌倉《かまくら》で隠棲し、読書と和歌をつくることで時をすごしていた。その後、京都にいき、吉田《よしだ》家▲に入門したが、吉田家後見役《こうけんやく》の萩原兼従《はぎわらかねより》は、惟足の学力を見抜き、吉田家の奥義《おうぎ》である四重相伝《しじゅうそうでん》▲を伝授した。吉田家の後継者がまだ育っていない時であったので、いったん惟足に相伝しておき、吉田家の正統な後継者が育った時点で惟足から返伝してもらうという約束ができた。惟足は江戸に戻り、吉田神道を広める役割を積極的に果たした。惟足の学識の評判が、江戸の武家のあいだでは高くなっていく一方であった。

ある時に正之は、『日本書紀』を読もうとして、家臣の服部安休に『日本書紀』神代巻《じんだいのまき》を音読させた。しかし、あまりの荒唐無稽さに正之は大笑いし、非常識な内容だとして斥けた。かたわらにいた正之のブレーンであった土岐重元は、『日本書紀』には『日本書紀』なりの読み方があって、それを教えている人物として惟足の名前をあげた。すぐに正之は、安休を使わし、惟足の講義を受けさせた。安休は、林羅山に儒教をならった教養人であったが、惟足の話を聞き、その優秀さを見抜き、正之に直接に話を聞くべきことを進言した。このような経緯で正之は、惟足を招くことになった。春海が、谷秦山《たにしんざん》▲にその時のようすを語ったエピソードが残っている。

会将（正之のこと）は、ついに惟足を招き、『日本書紀』神代巻を講義させた。参加者には、井上正利・土岐重元・中根《なかね》平十郎《へいじゅうろう》、および都翁《つつじ》（春海のこと）がいた。初座《しょざ》を説いて、乾道独化《あめのみちひとりなす》の話にもなった。惟足の談には、玄妙な道理がつぎつぎに出てくる。会将と井上は、おおいに感銘を受けた。こ

▼**四重相伝**　吉田兼倶はみずからの神道説を秘伝化して、限られた人に伝授することにした。初重・二重は白紙、三重・四重は水《すい》雲紙《うんし》に書かれて切紙で伝授された。

▼**谷秦山**　一六六三～一七一八。土佐の神道家・儒学者《じゅがくしゃ》。山崎闇斎の門下に入り、垂加神道を学び、渋川春海から天文暦学を学ぶ。土佐の学問の興隆につくした。

の二人は当代の知者であったが、すぐに惟足の教説に服した。惟足の学力がいかに優れたものであるかは、この一点を見てもわかるであろう。およそ三〇回の講義であった。春海は、欠席は三、四回しかなく、詳らかに惟足の教説を聞いた。（『秦山集《しんざんしゅう》』二十二）

当代の知者として名をはせた正之と井上の二人が感服したというのだから、講義のレベルは高かったと思われる。『日本書紀』をめぐる惟足の解釈は、余人の追随を許さない卓説した内容であった。それでは名君たちは、惟足の講義のどこに魅了されたのか。

天照大神の政治

正之より以前に、惟足の話を聞き、感銘を受けた人物として家康の十男で、紀州《きしゅう》藩主初代となった徳川頼宣《よりのぶ》▲がいた。一六五七（明暦三）年になされた二人の対話のようすが記録に残っている。惟足は、「神代の時代から日本は金気《きんき》をもった勇気を道とする武国であり、武義を本《もと》として仁恵《じんけい》をほどこす政治が行われていましたが、詩歌管弦《しいかかんげん》の文国である中国の風儀に悪影響されて、武義が衰

▼**徳川頼宣**　一六〇二〜七一。紀州藩初代藩主。和歌山城を改修し城下町《じょうかまち》を建設し家臣団を充実させた。藩主として強圧的な姿勢をもったが、領民の教育にもつとめた。

徳川頼宣

微しました」と語った。そして惟足は、「将軍家の政治は、武国の規則にかない、天照大神《あまてらすおおみかみ》の御掟にそうものです。将軍家が政治を掌握できたのは、自然の理です」と断言した。これを聞いて頼宣は、惟足を感賞し、こよなく崇敬するようになった（『吉川視《あれ》吾堂《みどう》先生行状《ぎょうじょう》』）。

頼宣が感激したのは、惟足の教説が『日本書紀』を使って江戸幕府将軍の統治者としての正統性を力強く弁証していたからであった。その教えの核心は、「天照大神の政治の理想が、将軍の武家政治によって実現されている」という主張にあった。いいかえると、家康による開幕は、天照大神が行った金気をもった武国の神道政治を復興したものだという理解である。頼宣・正之のような家康の子孫で幕政の中枢にいた人物にとって、将軍こそが天照大神の政治の継承者にふさわしいという惟足の教説は、驚天動地の内容であったことであろう。正之が惟足にはじめて会って、治世の要領を尋ねると、惟足が次のように正之に答えた。

　国をおさめるには、まずはおのれを正しくし私心なく、仁恵をほどこして民を安んじ、好んで民に尋ねて民の現状を知ることです。天照大神が世を

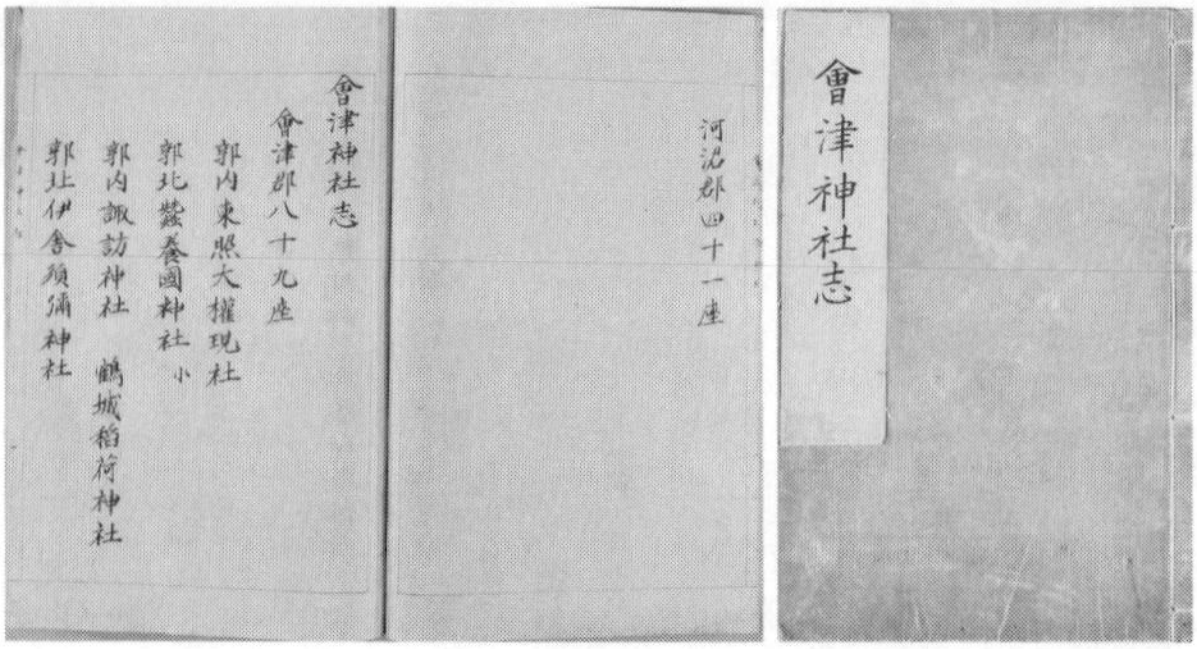

『会津神社志』 一六七二(寛文十二)年に完成。服部安休が会津領内の神社・小社・祠《ほこら》を調査し作成したもの。安休は、その後に会津領の神社の管領をつとめた。

おさめられた要点は、この三点にほかなりません(『吉川視吾堂先生行状』)。

ここでは、天照大神が行った政治の理想が三点に要約されている。この三点は、いかにも名君が好んで実践している儒教的な統治の徳目であった。惟足の思想家としての秀逸さは、統治者である名君が無意識にいだいていた願望に言葉で形をあたえたことにあった。正統な儒教であれば、中国古代の聖王の時代が理想となるが、惟足の吉川神道では、天照大神の時代こそ理想的な政治が実行された時代であった。天照大神は、王道を実現した聖王なのである。将軍こそが、天照大神の理想的政治を復興することのできる存在である。

惟足の吉川神道、その影響を受けた闇斎の垂加神道は、儒教と『日本書紀』神代巻を結びつけ、「日本＝神国」論を展開した点で共通していた。それは、「儒教的神国《しんこく》」論ということができる。惟足の場合には、儒教を組み込んで天照大神の政治を説明し、江戸幕府の統治の正統性を思想的に位置づけることを行った。

儒者が官吏になっていない近世日本を儒教国家と形容することは無理がある。しかしこの時期に儒教国家を志向した人や勢力があったことは確かである。正

土津神社《はにつ》　磐梯山麓《ばんだいさんろく》の見祢山《みねやま》にあり、保科正之（土津霊神）をまつる。

之とそのまわりにいた家臣や知識人は、儒教的神国への復古を志向していた。闇斎は、『会津神社志』序で「会津 源《みなもと》正之はわが神道に達し、舎人親王《とねりしんのう》以後、正之一人しかいない。仏教が神社にまじり、神社が汚地にあるのをなげき、管内の神社を正した」と記した。正之が『日本書紀』に描かれた、仏教伝来以前の神代の姿をあおぎ、あるべき儒教国家の理想として考えていたことは疑いえない。正之が改暦を命じた理由も、儒教の教養がベースにあったからである。天象を観測して暦をつくり頒布することは、王者の特権であり責務であるという認識は、中国では古くからあり、中国の改暦を支えてきたコスモロジカルな理念であった。天と人とが感応するという中国の思想に鑑みても、天象をうかがう天体観測は必要なことであった。

ほかにも改暦の理由としては、誤りの多い暦は農耕に悪影響をもたらすという現実的な判断があった。改暦による農業生産の安定は、撫民政策でもあった。一六七三（延宝元《えんぽう》）年に春海が上申した改暦の上表文でも、順調な農耕の維持のため改暦が必要だと謳われていた。

マテオ＝リッチ

▼賀茂在昌　一五一九〜九九。賀茂在富《あきとみ》の子。陰陽師《おんみょうじ》として天皇・豊臣秀吉などに仕えていた。キリシタンになった天文学者のアキマサと同一人物と考えられる。

▼マテオ＝リッチ　一五五二〜一六一〇。イエズス会宣教師。ローマ学院でクラヴィウスに天文学・数学を学ぶ。中国で観測と測量を行い、世界地図『坤輿万国全図《こんよばんこくぜんず》』を作成。弟子には徐光啓《じょこうけい》・李《り》之藻《しそう》がいた。

西洋と朝鮮の影響

改暦は、正之・綱吉のような幕政のトップの決断によってなされた。ただし暦学という学術の発展がないと、そもそも改暦は可能にはならない。十七世紀における暦学の著しい発展の背景には、西洋天文学と朝鮮天文学の伝来があった。ザビエル来日以来、イエズス会宣教師がもたらしたものに西洋の天文学の知識や器具があった。ザビエルは、天文や宇宙について日本人が無知であることを指摘したが、宣教師たちは、アリストテレスの自然哲学とプトレマイオスの天文学をもって天文の現象や宇宙の仕組みを説いていた。彼らのもってきた地球儀、天球儀、世界地図、星図などは、日本人を驚かせたことは想像にかたくない。暦道の家の賀茂在昌《かものあきまさ》▲が、キリスト教信仰者になったのは、西洋の天文学の優秀さにふれたからだったという説もある。その後、在昌は死去し、賀茂家の家督を継ぐ人がとだえてしまい、賀茂家は断絶した。

一五八三年にマテオ＝リッチ▲が伝道のために中国に渡り、みずから観測や測量を行い、中国の天文暦術を一変させたが、それは日本にとっても大きな事件であった。リッチは、イエズス会の会士でありながら当時の天文学、数学の最先端にいたクラヴィウス▲の弟子であった。クラヴィウスは、一五八二年のグレゴリオ暦▲への改暦を遂行した大立者であったが、それだけではなくイエズス会学校を設立して、そこで数学的な諸学（天文学や幾何学などを含む科学のこと）の教育に尽力した教育者であった。若きガリレオが、大学に職をえるために、クラヴィウスに推薦状を請うたことがあったし、デカルトは、イエズス会設立の学校でクラヴィウスの教科書を使って数学を学んだ経験をもった。西洋の科学革命は、カトリックの天文学や世界観を克服して出現したのではなく、イエズス会の科学者の活動とともに出現したと見るべきである。その意味で、リッチも科学革命の同伴者であり、リッチ以後、皇帝に請われて中国へ渡った多くの科学者の宣教師も、科学革命の影響を受けた人たちであったと理解できる。リッチたちは、天文学・幾何学・測量学の専門家であり、中国の従来の天文暦術を大きく変えることになった。彼らは中国語で西洋天文学の書物を書いたことによって、漢字文化圏の読者は、容易に彼らの著作から西洋の天文学にふれることができるようになった。

　春海は、望遠鏡を使い観測し、リッチの世界地図を利用し、西洋天文学の概

▼クラヴィウス　一五三八〜一六一二。ドイツ出身の天文学者・数学者。イエズス会会士。ローマ学院で数学を教授。グレゴリオ改暦において重責を果たした。ガリレオとも親交があった。

▼グレゴリオ暦　ヨーロッパでは、シーザーによって紀元前四六年に制定されたユリウス暦が長く使われてきたが、十六世紀には実際の季節とのずれが一〇日近くになった。ローマ教会でも実際の季節とのずれは問題になって、ローマ教皇グレゴリオ十三世が、一五八二年の改暦に踏み切った。

クラヴィウス

説書である『天経或問《てんけいわくもん》』▲を熟読した。このことを振り返ると、イエズス会宣教師による天文学の革新は、中国におよび、その後に朝鮮、日本におよんだことは明らかである。西洋天文学の受容は重要であるが、それとともに朝鮮天文学の影響も軽視することはできない。

一六四三(寛永《かんえい》二十)年に朝鮮通信使《つうしんし》が、家綱の誕生祝賀のため日本に来た。京都の医師であった岡野井玄貞《おかのいげんてい》▲は江戸に出向き、使節団の高官であった朴安《パクアン》期《ギ》▲に会って、暦学のことを教わっている。岡野井が朴から学んだのは、授時暦であったと思われる。岡野井は、その後に授時暦研究の第一人者となり、春海は岡野井から授時暦を学んだ。岡野井、春海が授時暦研究に着手したことによって、授時暦研究はたちまち日本中に広がった。近世を通じて授時暦の研究書は、日本人の手で実に数多く刊行された。また春海は、十四世紀末に朝鮮でつくられた『天象列次分野之図《てんしょうれつじぶんやのず》』(カバー表参照)に注目し、それを参照して、みずからも『天象列次之図』『天文分野之図』『天文成象《せいしょう》』という三種の星図を作成した(二六ページ表参照)。

改暦が行われる必要条件として、為政者による決断と暦学の発展があったこ

▼**『天経或問』**　明《みん》の游子六《ゆうしろく》が書いた西洋天文学の入門書。西川正休《にしかわまさやす》が訓点本を出して、広く読まれるようになった。図をもって地球説、日食《にっしょく》・月食《げっしょく》の仕組みを説明し、日本人の世界観を一変させた。二七ページ図参照。

▼**岡野井玄貞**　生没年不明。京都の医者で暦算家。授時暦の第一人者。春海は改暦の上表文において つねに玄貞の名前をあげて敬意を払った。玄貞の養子玄考は春海の門下となった(七九〜八〇ページ表参照)。

▼**朴安期**　一六〇八〜?。朝鮮の高官。儒者。一六四三(寛永二十)年の朝鮮通信使に同行して日本に来る。

授時暦に関するおもな著書

成立年	書名	著者名
1672	授時暦議	国史臣宋濂
1673	新勘授時暦経	小川正意
1673	新勘授時暦立成	小川正意
1680	授時発明	関孝和
1681	授時暦経立成之法	関孝和
1697	授時暦図解	小泉光保
1707	授時図解発揮	林正延
1709	授時暦経諺解	亀谷和竹
1714	授時略図発揮附録	林正延
1720	享保五年七月日食推歩用数授時暦抜書	拝村正長
1724	享保九年見行草授時暦鈔	
1725	授時享保乙巳草	
1729	授時頒暦日月食算蒙引	
1731	授時暦推歩	拝村正長
1738	授時暦月行遅疾一周之弁	蜂谷定章
1732	享保十七年見行草之抄授時暦推歩	
1742	授時暦火星立成・筆記	谷重敬
1743	授時暦法私解	蜂屋定章
1755	授時暦算法講述	泉渼善正
1761	授時解	西村遠里
1761	授時暦新書	
1767	授時暦加減・見行草	内田秀富伝
1768	授時暦稿	
1768	授時暦経俗解	中根元圭
1770	授時七曜暦稿・五星	松永貞辰
1781	授時暦精正	石田玄圭
1782	授時暦伝	平塚和由孝長
1783	補授時暦	本多利明
1786	授時暦太陽立成解義	菅雅久
1787	授時暦法	磊川軒石塚貞・斎藤原保道
1789	授時暦作術書	
1789	刪補授時暦交食法	高橋至時
1789	授時暦交食法	高橋至時
1794	授時暦南北差考	小沢正容
1800	授時暦経諸数	有松正信
1802	修正授時暦交食法	高橋至時
1802	授時暦日食法論解	高橋至時
1808	授時指掌活法図	館機
1808	授時図略解	館機
1819	授時暦気朔算推之諺解	
1829	授時補暦	小野良佐
1838	授時暦議註解	
1842	授時暦法立成	佐藤亀治朗
1842	授時暦日月食推歩	
1846	授時暦推歩	志村恒憲

※『国書総目録』，渡辺敏夫『近世日本天文学史(上)』，中村士・伊藤節子編『明治期日本天文暦学・測量の書目辞典』によって作成。著者名が記載されていない場合は空欄とした。

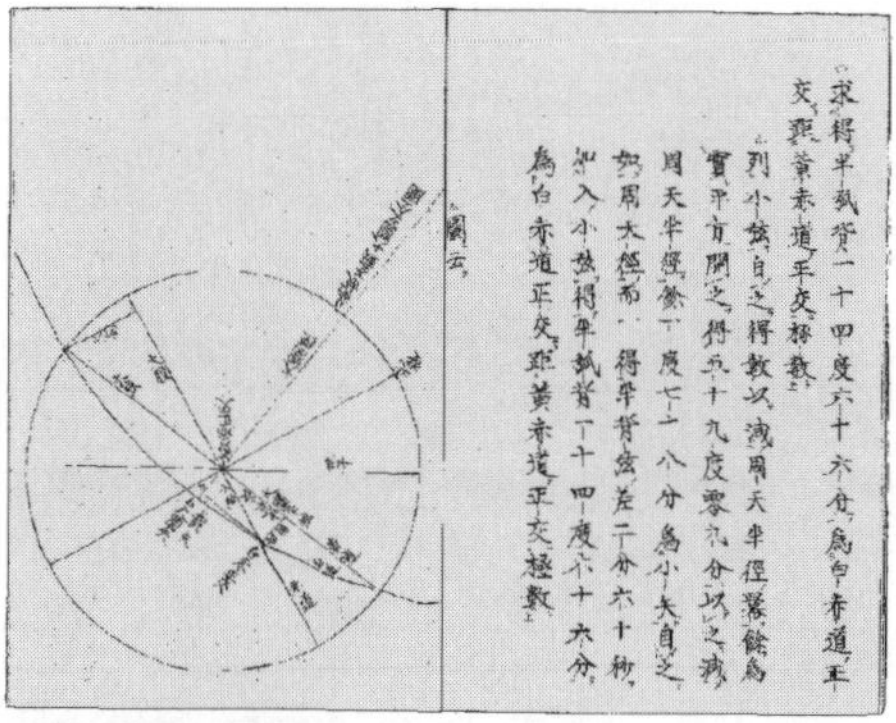

関孝和『授時発明』

関孝和(1642?～1708)　和算の大家。授時暦を研究したが，春海による貞享改暦によって出番を失った。

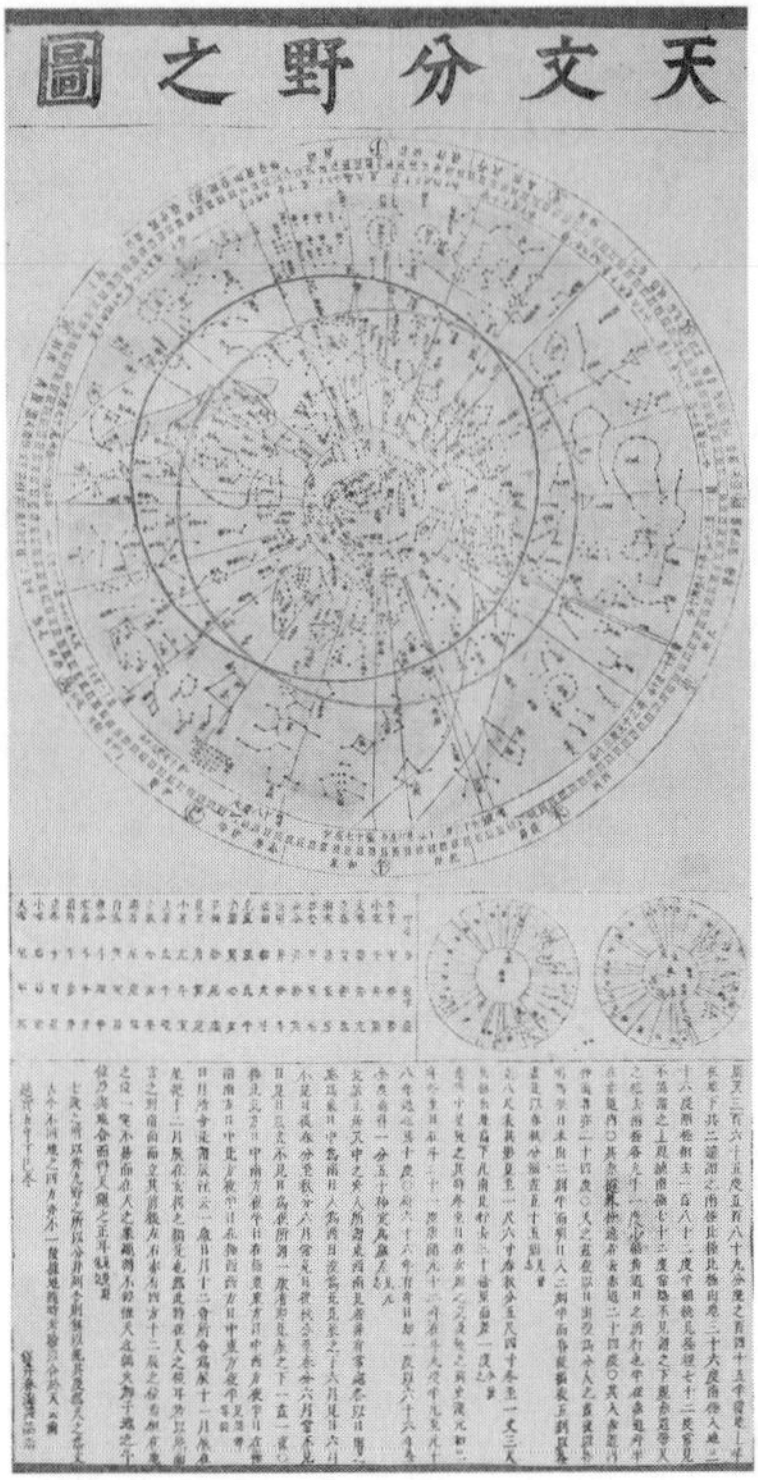

渋川春海『天文分野之図』

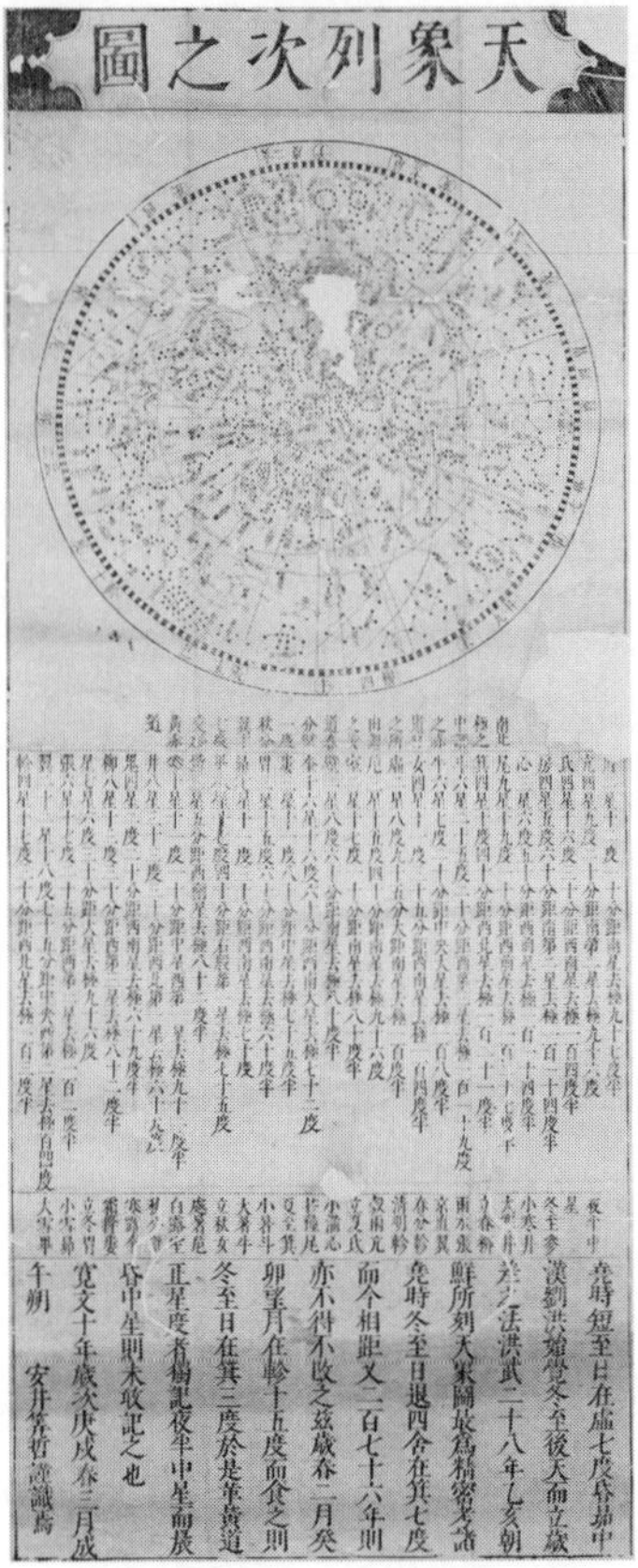

渋川春海『天象列次之図』

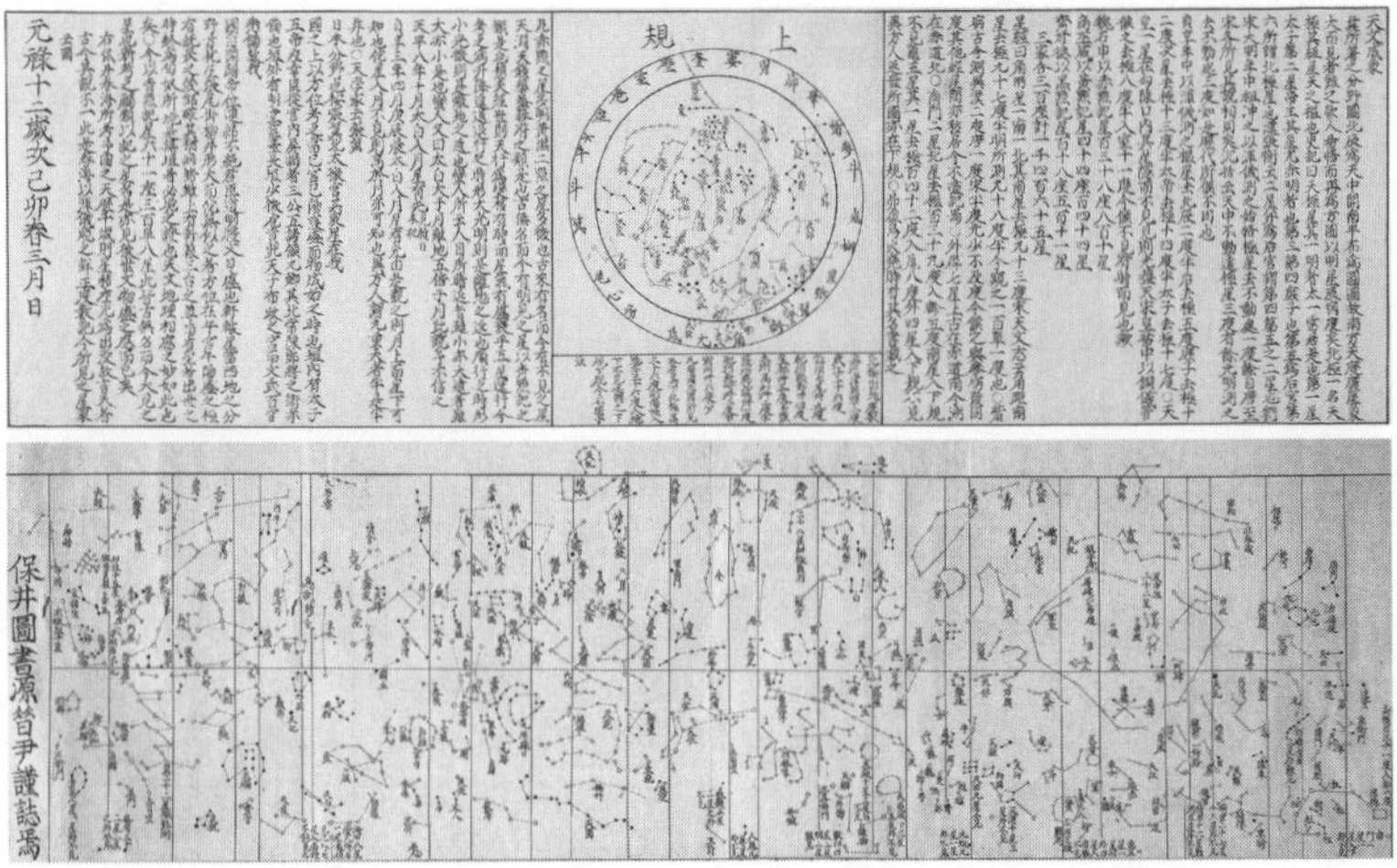

渋川昔尹『天文成象』(1699年刊)

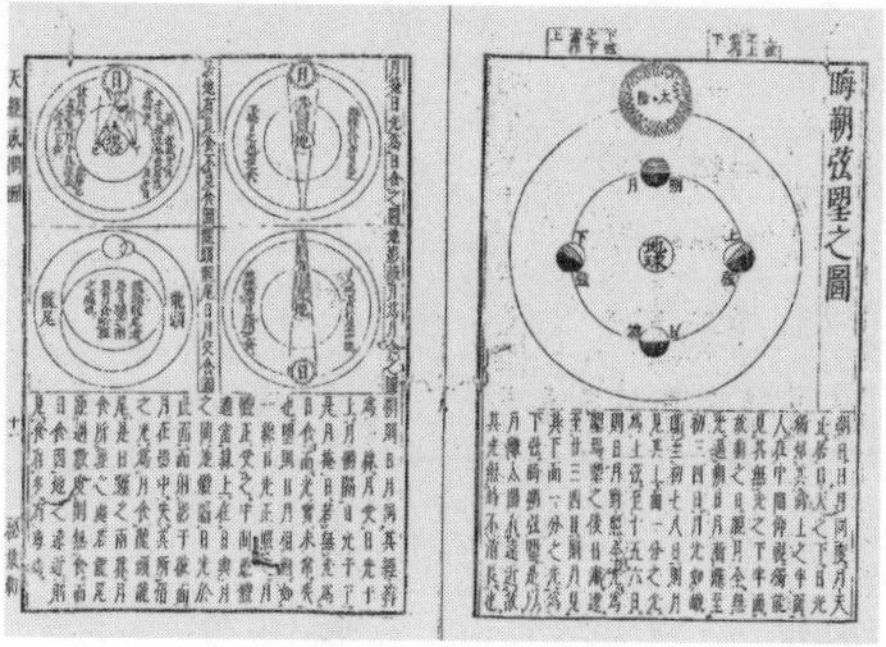

游子六『天経或問』(西川正休訓点)

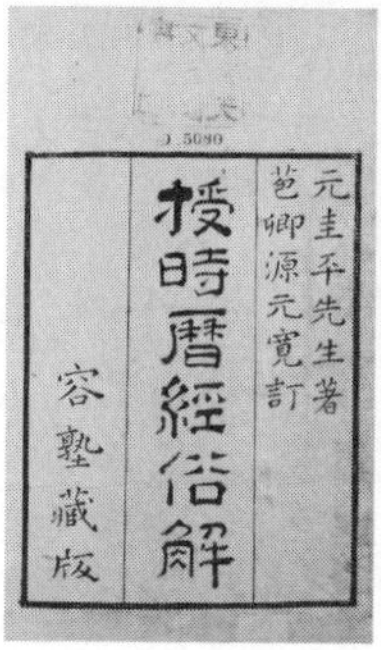

中根元圭『授時暦経俗解』

とをみてきた。そして暦学の発展については、西洋の天文学だけではなく、朝鮮天文学からの刺激があったことも述べてきた。これらの条件が整うなかで、春海による改暦の準備は進められてきた。つぎに三つの時期に分けて、改暦への道のりをたどることにしたい。第一に一六六七(寛文七)年から七五(延宝三)年まで、第二に一六七五年から八三(天和《てんな》三)年まで、第三に一六八三年から八四(貞享元)年である。

③—改暦までの道のり

保科正之の計画

一六六七(寛文《かんぶん》七)年に保科正之《ほしなまさゆき》が、春海に「誰か授時《じゅじ》暦法を知る者がいるのか」と質問したことがあった。春海は、岡野井玄貞《おかのいげんてい》の名前を出し、自分も岡野井に学んだ経験があると答えた。このころ正之は、春海に改暦の準備を命じたと考えられる。次のような春海が語ったエピソードが、『秦山集《しんざんしゅう》』に載っている。

会津《あいづ》中将殿《ちゅうじょうどの》(保科正之のこと)が暦法を論じた。「宣明《せんみょう》暦はけっしてよくない、授時暦を用いることにしよう」と述べて、家臣《かしん》である安藤有益《あんどうゆうえき》・島《しま》田《だ》覚《かく》右衛門《えもん》の二人に担当させた。中将殿は、山崎闇斎《やまざきあんさい》と私(春海)に二人の監督をさせた。安藤・島田は、授時暦法を用いて暦をつくろうとした。中将殿は、突然にこう言い出した。「元《げん》はかつてわが国を攻めてきた。暦がよいといっても、至元《しげん》▲をもって暦元《れきげん》▲となすことは、厭うべきことだ。授時暦法を使うが、暦元を変更すべきである」と。(『秦山集』三十五)

このエピソードのあとに、暦元を変更することは困難をきわめたが、春海が

▼**至元**　中国の年号。一二六四〜九四年。元の授時暦は、一二八一(至元十八)年に施行された。暦元は前年の冬至日にした。

▼**暦元**　暦法に従い暦を計算しはじめる最初の時点をいう。中国では、暦法成立よりもはるかに遠い太古の年を想定して計算の出発点にしていた。しかし授時暦では暦法制定の前年の冬至の日時を暦元とした。渋川春海は一六八四(貞享元)年を暦元とした。

計算法をみつけたとある。島田は重責のあまり病気になり、闇斎は、安藤に計算法を教えるよう春海に勧めた。安藤は、自分で計算法をみつけようと躍起となり、春海に聞くことを拒んだ。このことを聞いた正之は、安藤を叱責し、春海に計算法の術をならうように命じ、安藤は春海に教えを請うた。

　春海と安藤のあいだに微妙なライバル関係があったことがうかがえる。注意すべきことは、正之が、闇斎・春海・安藤・島田に共同で改暦を準備することを命じた点である。ところで春海が発見した計算法とは、消長法《しょうちょうほう》であった。一太陽年の長さが、しだいに短くなっていくことは、中国では十二世紀の統元《とうげん》暦▲から知られていた。授時暦では消長法が採用されていた。未来に対しては、一〇〇年に一分(一日の一万分の一の時間)が縮み、過去に対しては、一〇〇年に一分が長くなるのである。一〇〇年に一分というのは、平均値であって、実際の一〇〇年後は、二分短くなることに春海は気がつく。反対に一〇〇年前は、二分長くなるのである。そのように計算すると、授時暦の数値に合致した。春海は、これを自分の独自の発見だと考えて、あとから秘伝にした。

　『春海先生実記《じっき》』には、夢に老人があらわれたという不思議な話が残っている。

▼**統元暦**　一一三五年の南宋《なんそう》の陳得一《ちんとくいち》が作成した暦。一一三六〜一一六七年の三二年間使われた。

それによると、春海はひごろ睡眠時間を削って、観測と計算にいそしんでいた。熟睡することはなく、周囲からは、疲労困憊でわずらうようになるのではと心配されていた。春海は、まわりからの心配を気にせずに、熟睡など必要はない、ただ体を休め呼吸を休めているだけだとうそぶいていた。ある時に、授時暦の消長法を理解することができずにいて、精魂を費やし神経を磨り減らしたが、それでも理解はかなわなかった。本人も知らないあいだに、床に伏して熟睡した。その時に夢に老人があらわれて、一つひとつ問題の解き方を教えてくれたという。春海はすぐにめざめて、老人の教えのとおりに計算すると、なんと問題は解決したという。春海の切実さと成徳によって、神明が感応したのであろうと世間では噂《うわさ》となり、尊いことだと語られるようになったというエピソードである。夢のなかの老人は、何を春海に教えたのか。それは、前述した「一〇〇年に一分」は平均値であって、一〇〇年後(前)には二分であるという計算法であろう。

春海はこの発見によって、授時暦の暦元を一二八〇(至元十七)年から、自分が生きている時点に変更することができた。さきにみたように、この変更は、

▼望日　満月の日。太陰太陽暦の時代には十五日という日付を望日の目安とした。地球を挟んで太陽と月が正反対の位置に来る日。

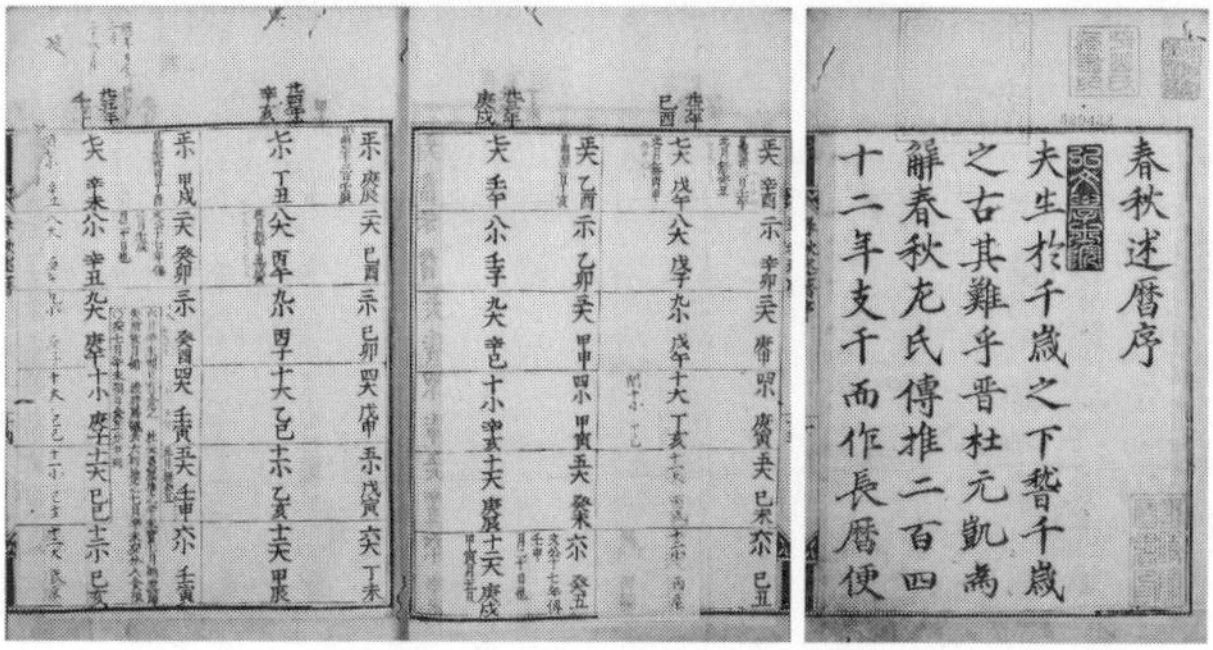

渋川春海『春秋述暦』

正之の命令であった。一六七二(寛文十二)年十二月望日《ぼうじつ》▲に宣明暦では月食《げっしょく》が記されていたが、授時暦の計算では月食はなかった。そして実際には月食はなかった。このことが幕閣《ばっかく》のあいだで知られて、改暦の議論が起こるが、改暦にまではいたらなかった。同月十八日に正之が死去した。正之は、亡くなる前に遺言として春海に改暦をさせるように老中《ろうじゅう》の稲葉正則《いなばまさのり》へ言い渡した。

翌年の一六七三(延宝《えんぽう》元)年六月に春海は、授時暦による改暦を請う上表文《じょうひょうぶん》を将軍家綱《いえつな》へ提出した。上表文では、神武《じんむ》天皇以来の暦が続いてきたことが記され、元嘉《げんか》暦・儀鳳《ぎほう》暦・大衍《だいえん》暦・五紀《ごき》暦・宣明暦の歴史がたどられる。宣明暦が長く使われてきたが、天に二日遅れていることが指摘されて、農耕に被害がおよぶ懸念も表明される。将来の日食《にっしょく》・月食を予告した『蝕考《しょくこう》』も添付された。

このころ春海は、中国の経書《けいしょ》、注釈書の伝のなかに記されている干支《えと》を計算して、三冊の本を上梓した。『春秋述暦《しゅんじゅうじゅつれき》』(一六六九年)、『春秋杜暦考《とれきこう》』(一六七〇年)、『書詩礼暦考《しょしれいれきこう》』(一六七一年)がそれである。経書など掲載されている暦日を明らかにし、経書の読者の便をはかるものであった。『書詩礼暦考』の序は、春海に頼まれて林鵞峯《はやしがほう》が書いている。儒学《じゅがく》の経典《きょうてん》を読む人たちを念頭にして、

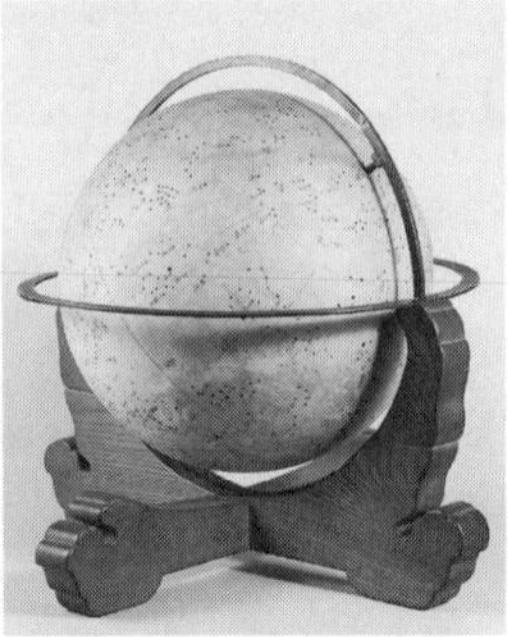
天球儀

▼渾天儀　中国に古くからある、天体の位置を観測し決定する観測機器。水平環《すいへいかん》と子午《しご》環のなかを回転するいくつかの環を組み合わせたもの。

▼節気　二十四節気のこと。もとは二十四気と呼んでいた。太陰太陽暦では季節と一致しないことがあるので、季節の目安は二十四節気であった。二十四節気は一二個の中気と一二個の節気に分かれ、中気がない月は閏《うるう》月とした。

春海は天文暦術がもつ効能を知らしめようとした。一六七〇（寛文十）年に春海は、あらたに渾天儀《こんてんぎ》▲・天球儀・地球儀を製作し、朝鮮でつくられた『天象列次《てんしょうれつじ》分野之図《ぶんやのず》』を参照して、『天象列次之図』を作成した。星図《せいず》に関していうと、春海は『天文分野之図』（一六七七年）、『天文成象《せいしょう》』（一六九九年）を引き続き作成した。みずから星座を観測し、『天象列次分野之図』と比較して、同じ節気《せっき》▲に見られるはずの星座の位置が、時代とともに変化していることを春海は確認しようとした。『天文成象』では、春海や息子昔尹《ひさただ》によって新発見された六一の星座が書き加えられ、おもに律令《りつりょう》制の官職名によって星座の名前がつけられた。

着々と改暦の準備を進めていた春海であったが、不運な事件が起こる。授時暦では一六七五（延宝三）年五月朔日の日食を予測できず、かえって宣明暦のほうにその日の日食の記載があった（三四ページ表を参照）。つまり春海が授時暦法で計算した日食の予想が、はずれたのであった。これによって改暦の計画は頓挫し、幕閣のなかで改暦の話は消えてしまった。なぜ授時暦が日食をはずしたのか。一つの原因は、授時暦作成の一二八〇年と一六七五年とでは、約四〇〇年がたっていたことによる。十三世紀後期には、冬至点《とうじ》と太陽の近日点《きんじつてん》（太陽

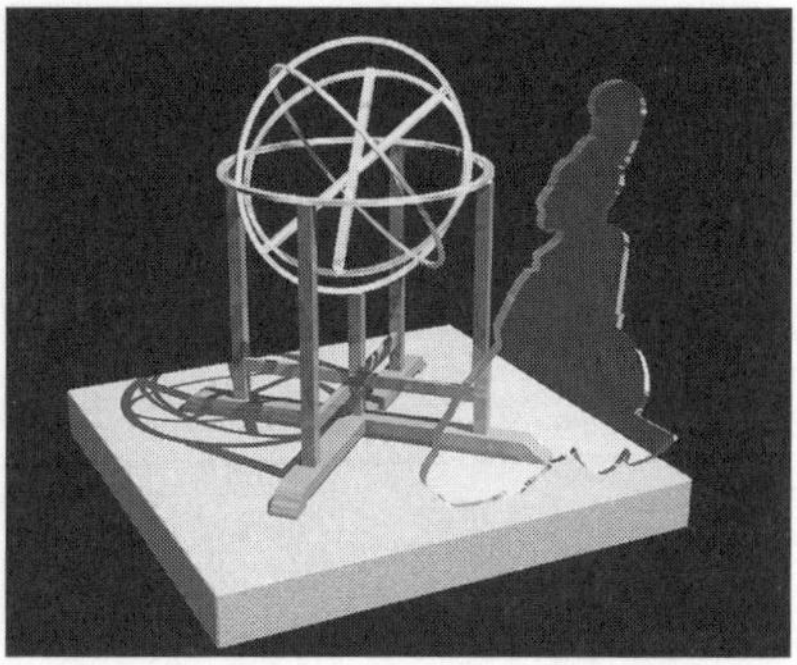

渾天儀の台石(圓光寺)**と設置方法**　渾天儀は，星の位置や高度を観測する道具。春海が中国の書物を参照して製作した(右：冨田良雄作成)。

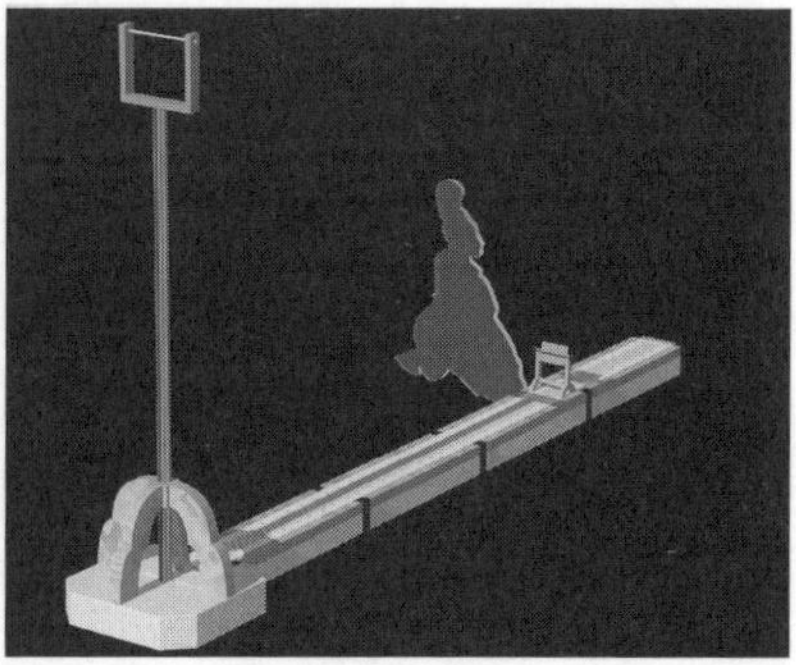

圭表《けいひょう》の台石(梅林寺)**と設置方法**　台石の側面に安倍泰邦製ときざまれている。圭表は，垂直の棒を立てて，その影の長さによって冬至の時刻や太陽の高度を測定する道具(右：冨田良雄作成)。

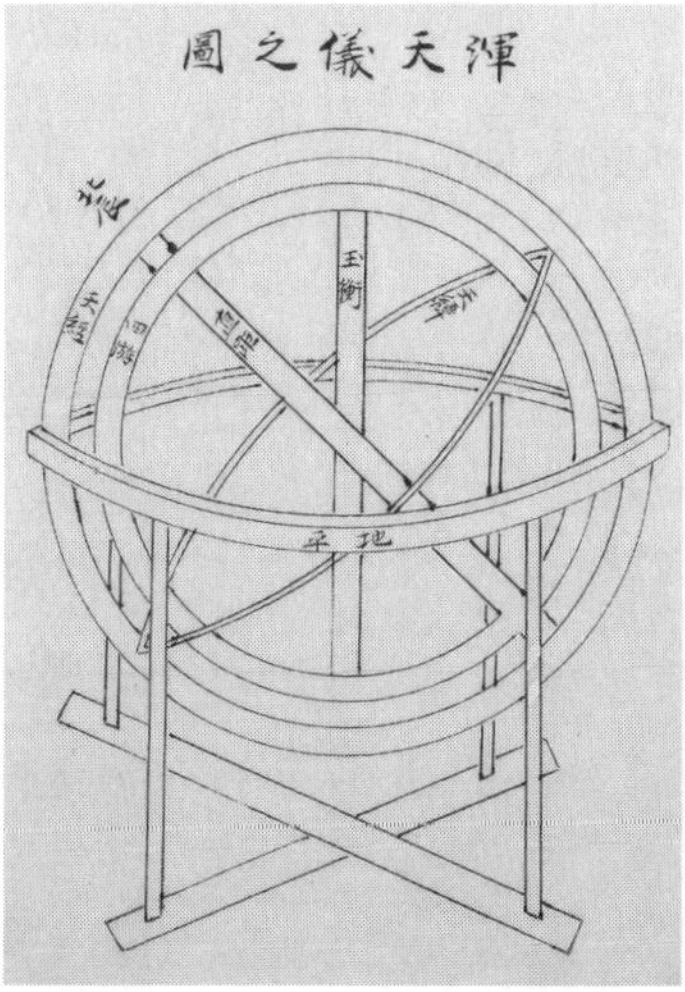

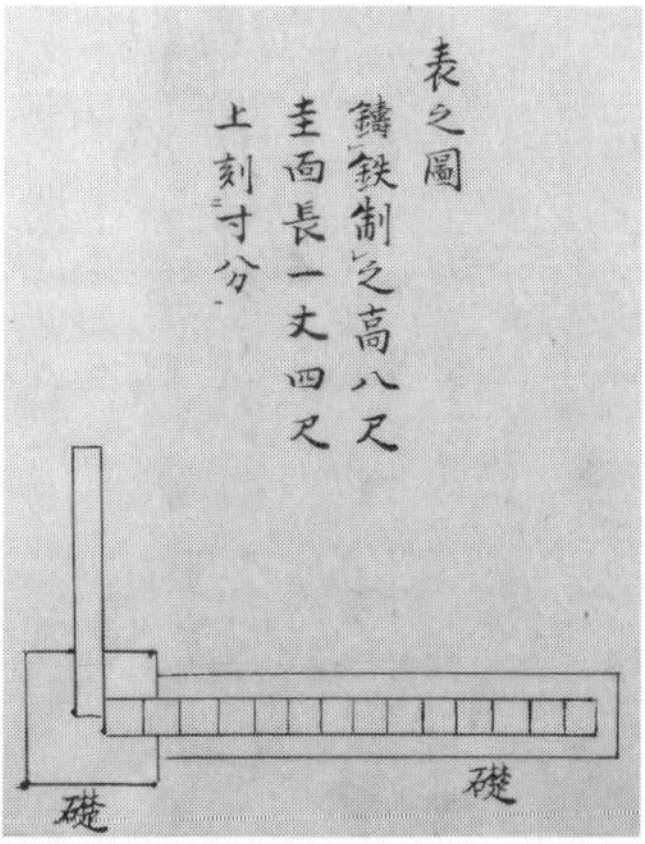

渾天儀(左)**と圭表**(渋川春海『貞享暦』)

春海『蝕考』の一覧

年月日	宣明暦	授時暦	大統暦	実際の食分
1673. 6 . 15	月食４分半	無食	無食	無食
1673. 7 . 1	日食２分半	無食	無食	無食
1674. 1 . 1	日食９分	無食	無食	無食
1674. 6 . 14	月食14分半	月食10分 内９分	月食10分 内９分	食分1.07(1)
1674. 12. 16	月食皆既	月食皆既	月食皆既	食分1.62(2)
1675. 5 . 1	日食３分弱	無食	無食	食分0.136(3)

※「実際の食分」の数値について，(1)(2)は渡辺敏夫『日本・朝鮮・中国日食月食宝典』，(3)は国立天文台暦計算室「暦Wiki渋川春海と貞享暦」による。

と地球の距離が最小になる点）はほとんど一致していたが、約四〇〇年後には近日点が冬至点からは六度前進していた。このことについて、春海が正確な知識をえるのは、あとから中国人の游子六《ゆうしろく》著『天経或問《てんけいわくもん》』（一六七五年刊行）を読んだ時であった。さらに中国と日本の里差（経度の違いの差）が、地方時刻の差を生み出すことを理解し、春海は日食が見える条件を考えなおすのであった。

上の表は、上表以後に起こる月食・日食について、春海が行った宣明暦・授時暦・大統《だいとう》暦の計算の結果を比較したものである。最初の五回は、授時暦・大統暦があたっていたが、最後の六回目で予想ははずれた。宣明暦が、六回目の日食をあてた。しかしこの一回の失敗で改暦の話は消えた。大老《たいろう》酒井《さかい》忠清《ただきよ》は、「春海の予想はあたることもあれば、あたらないこともある」と述べて、改暦の事業を中止させた。もし正之が生きていたならば、一回予知がはずれたとしても、改暦の事業が中止されることはなかったと思われる。

挫折の後

つぎに改暦の計画が頓挫して以降の春海の活動をたどる。時期としては、一

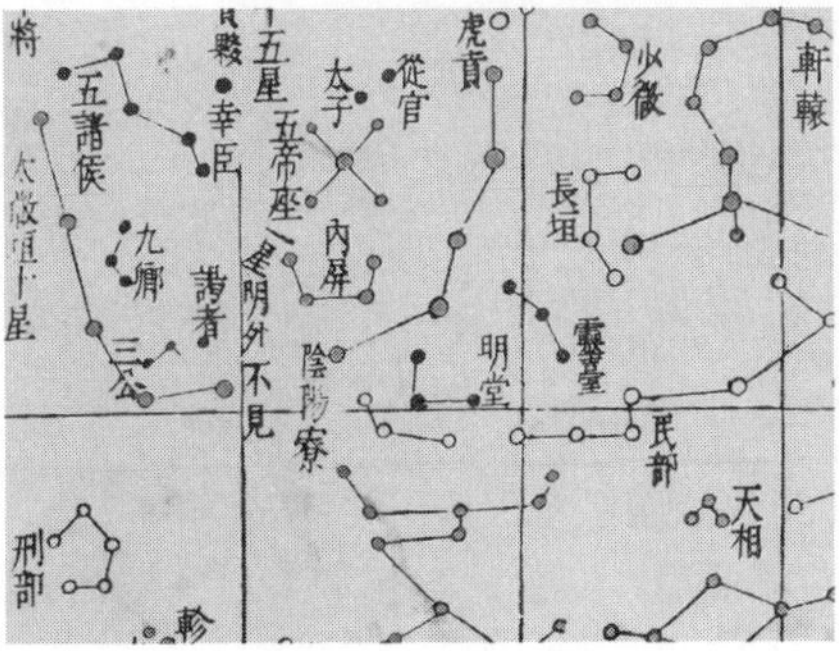

『天文成象』の星座名

六七五（延宝三）年から八四（貞享《じょうきょう》元）年までである。幕府《ばくふ》の改暦事業はなくなり、春海は、碁方として囲碁《いご》の仕事をしながら、天体観測にいそしんだ。月・日・星の位置について、地域差と時代差による変化を知るため、観測が不可欠であったことを、春海は再認識した。授時暦をもとにしながらも、地域差・時代差を考慮した暦法の作成がめざされた。

一六七七（延宝五）年の冬に春海は、『天文分野之図』を完成させる。そこには「古と今では天体は同じではない。地の四方でも天体はまた同じではない。同じではないゆえ、地により時に従って観測結果を考えるべきだ」と記されている。中国の暦法を用いても、観測した時期も異なるし場所も違うのであるから、今いる時期や場所で観測し、その観測結果を考察すべきだと春海は考えた。春海は、八尺（二メートル四〇センチほど）の圭表（三三ページ参照）を立て、春分・夏至・秋分・冬至の影の長さを測定し、北極出地（北極星を観測し、自分のいる緯度を計算する）をはかり、土地ごとの緯度を計算した。一六七五年の授時暦による日食予報の失敗が、ますます本格的な天体観測へ春海を駆り立てた。

一六七七年に春海は、山崎闇斎の門人となるために誓文をささげた。もとより闇斎は、正之のサロンで知り合い、改暦準備においても監督者としてともに活動してきた仲であった。正之の死後、春海の活動を支え激励してきたのは闇斎であった。このことは、春海が繰り返し語り、感謝しているところである。

闇斎が提唱した垂加神道《すいかしんとう》は、ただならぬ勢いで知識人の世界に広がり、闇斎は時代の寵児になっていた。垂加神道の門下のなかには、正親町公通《おおぎまちきんみち》▲や土御門泰福《つちみかどやすとみ》のような公家《くげ》もいれば、植田艮背《うえだごんはい》・遊佐木斎《ゆさぼくさい》・谷秦山《たにしんざん》のような在野の知識人もおり、出雲路信直《いずもじのぶなお》・玉木正英《たまきまさひで》のような神職もいた。拡大する垂加神道の門人集団は、春海の改暦を注視し、春海を支持する母体になったと考えられる。

闇斎門下に入ったことで、春海は、陰陽道《おんみょうどう》▲宗家《そうけ》の土御門泰福に会うことができた。泰福は、陰陽頭《かみ》になった人物であるが、天文暦術に関心をいだいていた。一六八一(天和元《てんな》)年に春海と泰福は、天文の会という勉強会をつくり、暦算の練習をした(三九ページ表参照)。春海が、泰福に暦算を教え、『授時暦《れき》議《ぎ》』という書物をともに読んだ。また二人で天文観測も実施した。このような親密な関係がつくられたのは、同じ闇斎門下であったからである。一六八三(天和三)年になり、春海が改暦の上表文を将軍綱吉《つなよし》にささげ、その後に泰福が

山崎闇斎

▼正親町公通　一六五三〜一七三三。霊元天皇・東山《ひがしやま》天皇に仕えた。武家伝奏に任じられて、朝幕《ちょうばく》関係の調整につとめた。山崎闇斎の弟子となって、垂加神道を朝廷に普及させる役割を演じた。

▼陰陽道　律令制度では陰陽寮の官人は天文・暦・漏刻《ろうこく》・陰陽を職務としていた。十世紀前後に職務が世襲化して、賀茂《かも》氏・安倍氏の家業になった。四つの部門のなかで陰陽(占い・祭祀《さいし》)が突出し広がり、「陰陽道」という言葉が一般化した。

霊元《れいげん》天皇▲に上奏《じょうそう》を行ったが、ここに二人の友情とチームワークがますます発揮されることになった。

この時期に春海は、『日本長暦《ちょうれき》』という書物をつくった。神武《じんむ》天皇即位以降、春海の同時代にいたるまでの月ごとの大小、朔日の干支《えと》、冬至の日などを記載したものであった。『日本書紀《にほんしょき》』では、神武天皇東征伝《とうせいでん》のところから月ごとの朔日の干支がつけられていた。春海は、その事実を根拠にして神武天皇が暦を作成したと考えた。神武天皇の作成した暦法は、「古暦法」(『秦山集』巻三十六)と呼ばれ、春海は古暦法の復元に尽力した。この古暦法は、中国から暦が伝来後、失われたと春海は考えた。失われた古暦法は、春海の努力によって復元されて、神武天皇以来の月の大小などを記した『日本長暦』という一覧表になった。中国暦伝来以前に、日本固有の暦法があったという春海の確固たる信念があって、『日本長暦』は完成した。『日本長暦』は、古暦法の実在を前提にしており、今から見ると途方もないフィクションに見えるが、当時において現実的な効能を発揮した。

『日本長暦』の実用性を紹介してみよう。『日本書紀』では神武天皇東征伝以降、

▼霊元天皇　一六五四～一七三二。後水尾《ごみずのお》天皇の第十九皇子。後水尾法皇《ほうおう》が亡くなったあとは、直接政務をとった。大嘗祭の復興など朝廷復古に情熱をささげた。和歌に優れて霊元院歌壇をつくった。

幕府への改暦の上表文(渋川春海『貞享暦』)。

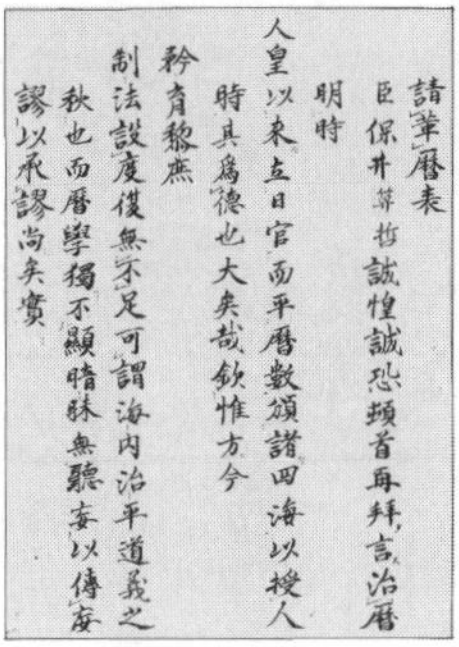
請革暦表
臣保井算哲誠惶誠恐頓首再拜言治暦
明時
人皇以來立日官而平暦數頒諸四海以授人
時其爲德也大矣哉欽惟方今
矜育黎庶
制法設度復無不足可謂海内治平道義之
秋也而暦學獨不顯晴昧無聽妄以傳妄
謬以承謬尚矣實

霊元天皇

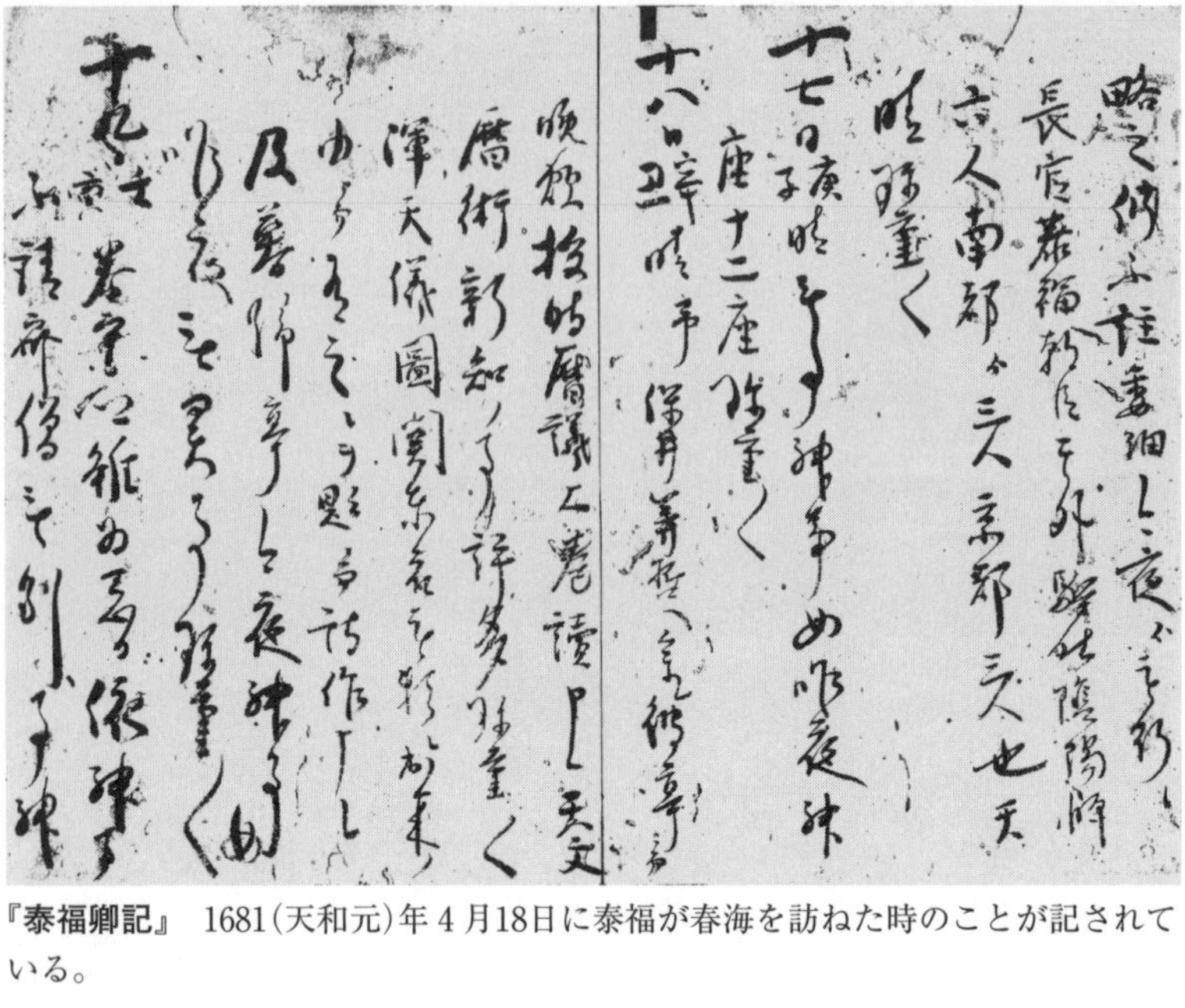

『泰福卿記』 1681(天和元)年４月18日に泰福が春海を訪ねた時のことが記されている。

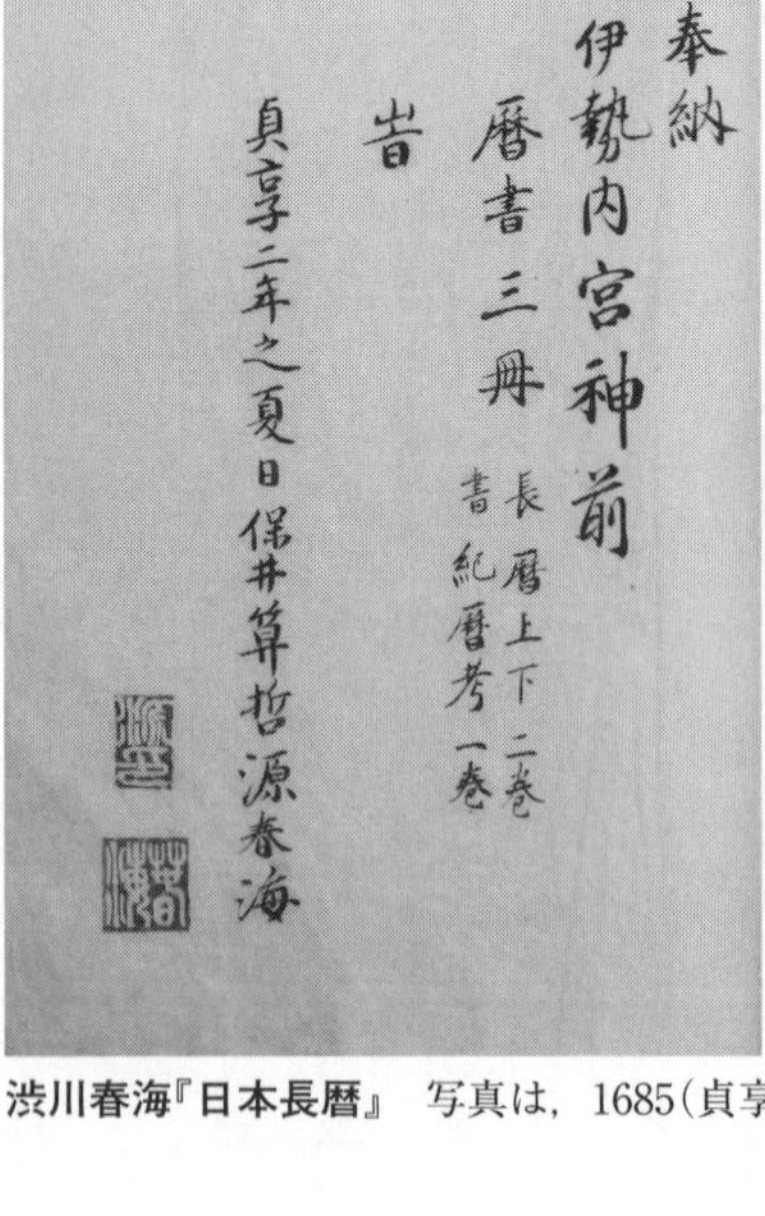

奉納
伊勢内宮神前
暦書三冊 長暦上下二巻
書紀暦考一巻
皆
貞享二年之夏日 保井算哲源春海

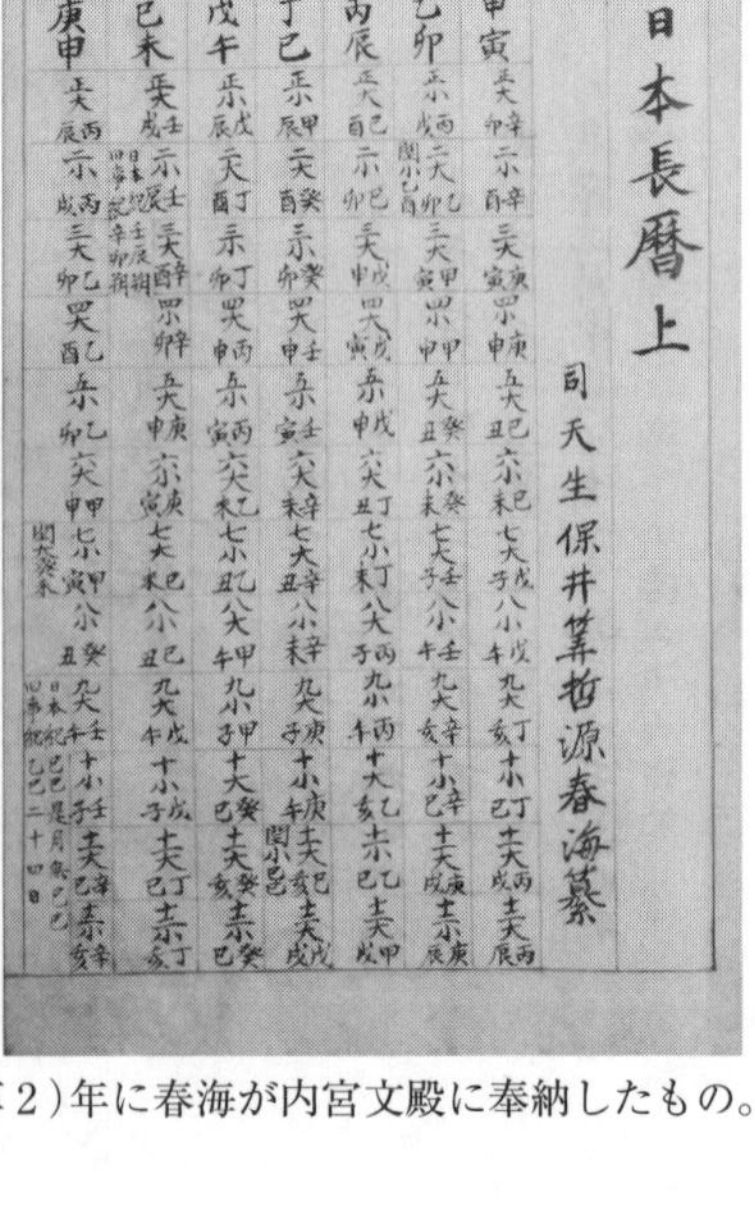

日本長暦上
司天生保井算哲源春海纂

渋川春海『日本長暦』 写真は，1685(貞享２)年に春海が内宮文殿に奉納したもの。

1681年の春海と泰福の交流（典拠は『泰福卿記』）

2月30日	春海，天文の会で泰福を訪問
3月4日	春海，泰福訪問の予定であったが行かず。春海が「辛酉革命の算法」を発明
3月11日	泰福が春海を訪問，暦算などを話す
3月14日	春海が泰福を訪問
3月17日	泰福が春海を訪問，暦算入転の差を習う
3月23日	泰福が春海を訪問，暦算を習う
3月26日	春海が泰福を訪問，暦算天文志の会がある
4月4日	泰福が春海を訪問
4月18日	泰福が春海を訪問，『授時暦議』上巻を読む

出来事のあった日の干支が記されているが、『日本長暦』で検索すると、それが何日にあたるかがわかる。たとえば『内宮鎮座古記《ないくうちんざこき》』によると、垂仁《すいにん》天皇二十六年十月甲子《かっし》に天照大御神《あまてらすおおみかみ》が鎮座したとあるが、『日本長暦』を参照すると、この年の十月に甲子の日はなく、九月十七日が甲子の日にあたることが知られる。『内宮鎮座古記』の「十月甲子」は「九月甲子」の誤りであったと春海は解釈する。九月十七日は、春海の時代において内宮の神嘗祭《かんなめさい》の日であった。つまり内宮で行っている九月十七日の神嘗祭は、天照大御神の鎮座の日に由来していたことが明らかになる。同じ方法によって外宮《げくう》の豊受《とようけ》大御神の鎮座の日も、同じ方法で九月十六日であることが確定できる。その日も、外宮の神嘗祭の日にあたっていた。

　春海が、以上のことを両宮の神主に伝えると、みなが驚き、「暦が古記にこれほど有効なのか」と感嘆した。春海の発見によって両宮の神嘗祭が、神の鎮座した日に由来した祭日であったことが、両宮の神職にも認識された。神嘗祭は、新穀を天神《てんじん》地祇《ちぎ》へささげる収穫祭という理解が一般的であったが、『日本長暦』を使うことによって、神が鎮座した日という、より根源的な意味が開示されたことになる。

『日本長暦』は、神社関係者にとって現行の祭日がもつ意味を認識したり、本来の祭日を発見したりすることを可能にする実践的なツールであった。神武天皇以来、日本の古暦法があり、それが失われたとする春海の思考法は、空想的な復古《ふっこ》主義といわざるをえない。しかし山崎闇斎は、『日本長暦』を高く評価し、伊勢《いせ》神宮の神嘗祭の真の意味を知って、「わが国ふたたび開闢《かいびゃく》たり」と感嘆した。闇斎は、門人の前でも『日本長暦』を賞賛したと思われる。『日本長暦』の評判は、垂加神道の門人や神社関係者のあいだに広まったと考えられる。

中国暦伝来以前にあった古暦法の実在は、闇斎を魅了したばかりか、のちに本居宣長《もとおりのりなが》や平田篤胤《ひらたあつたね》の好奇心をも刺激した。宣長の『真暦考《しんれきこう》』は、太陰太陽《たいいんたいよう》暦が神武天皇の時代より存在したとする春海の説を斥けて、もともと日本人がもっていたのは文字化されることもなかった自然の四季による暦(真暦)であったと語った。篤胤は、春海の古暦法を高く評価して、さらに想像力を羽ばたかせて、伊邪那岐大神《いざなぎのおおかみ》がつくった暦が中国に渡って中国の暦となり、それが日本に逆輸入されたという気宇《きう》壮大な物語を創作した。宣長にしても篤胤にしても、「中国暦伝来以前の失われた暦」の探究という春海が設定した謎解きに魅せられて、始原の暦を語ろうとした。暦の発祥地は日本だとする篤胤の説は、誇大妄想の産物とみなされても仕方がないものではあるが、「失われた暦」という春海が仕かけた謎解きは、時代を超えて復古主義的な思想家の想像力を掻き立てた。

一条兼輝と近衛基熙

一六八三(天和三)年八月二十六日に徳川光圀《とくがわみつくに》▲が、春海に命じて天球図を作成させ、綱吉へ献上した。その時に光圀から綱吉に改暦の話が出たと思われる。十一月六日に春海は、将軍へ改暦を請う上表文をささげた。この上表文では、一六七三(延宝元)年の上表文でも先学としてたたえられていた岡野井玄貞・松《まつ》田順承《だじゅんしょう》▲に加えて、あらたに土御門泰福の名前があげられ、「今天文に精《くわ》しきは陰陽頭安倍《あべ》泰福、千古に踰ゆ」と絶賛されている。春海は、現状の暦には十一月十六日に月食が起こると書かれているが、授時暦法による計算では月食は起きないと予想する。春海の予想があたり、幕府では改暦が計画される。改暦の話は、老中から京都所司代《しょしだい》へ、さらに武家伝奏《ぶけてんそう》へ伝わり、霊元天皇のところ

▼**徳川光圀**　一六二八〜一七〇〇。水戸藩二代藩主。文教政策に力を入れて、多くの学者を使い、史料を収集して『大日本史』編纂に着手した。朱子学を学び、『大日本史』では歴史上の人物への道徳的な評価を行った。由緒《ゆいしょ》、経済力などを基準にして領内の寺院を整理し、半数以上を破却した。『釈《しゃく》万葉集《まんようしゅう》』などの編纂を行い、文化事業と文化財保存に尽力した。

▼**松田順承**　生没年不明。渋川春海に天文暦術を教えた人。春海との共著『春秋述暦』『春秋杜暦考』などがある。

へ届いた。

　十一月二十八日に霊元天皇は関白一条兼輝《いちじょうかねてる》を招き、幕府から来た改暦の計画を諮問した。幕府の決定事項である以上、朝廷《ちょうてい》としては追認するのがよいということが、二人のあいだで話し合われた。幕府からの説明では、今使っている宣明暦は、中国においてすら古くなっており、日食・月食が相違しているが、近年用いられている授時暦で計算すると実際の日食・月食にあうことが述べられている。暦が誤っていると、農民の耕作に悪影響が出かねないことが、そこには書かれていた。霊元天皇は、暦博士《れきはかせ》▲に命じるか陰陽頭に命じるかを兼輝に相談し、改暦は全国に下知をくだすので、陰陽頭に命じたほうがよいということになった。翌日に兼輝は土御門泰福に会い、改暦のことを話しあった。暦博士になったばかりの幸徳井友信《こうとくいとものぶ》▲はまだ若輩であることが話題にあがった。十一月三十日に泰福は、改暦にあたって春海の推挙を上奏し、天皇から改暦の勅《ちょく》が出された。

　幕府のほうでは春海の上京の計画が着々と進む。十二月五日に春海は幕府から暇をもらい、銀一〇枚、時服《じふく》二を受け取り、十五日に伝馬《てんま》の朱印状《じゅいんじょう》をもらっ

▼暦博士　陰陽寮で定められた職務の分野の一つは暦であった。その専門家が暦博士であった。賀茂家が暦道を世襲し、天皇に新暦を献上していた。幸徳井家は賀茂家の庶流であった。

▼幸徳井友信　一六六六～?。一六八二(天和二)年に陰陽頭であった父友傅《ともすけ》が死去し、陰陽頭には土御門泰福が任命された。以後、近世を通じて土御門家が陰陽頭になった。友信は家督《かとく》を継ぎ陰陽助、暦博士となったが、病弱であったためにすぐに弟友親《ともちか》に家督を譲った。

▼花山院定誠　一六四〇～一七〇四。霊元天皇・東山天皇に仕える。二人の兄がいたが早逝したので花山院家の家督を継ぐ。一六七五(延宝三)年から八四(貞享元)年までのあいだ武家伝奏役を果たす。

▼甘露寺方長　一六四九～九四。霊元天皇の信任が厚く昇進は早く、

た。十六日に京都に向けて春海は出発した。二十七日に京都に到着し、春海は、武家伝奏の花山院定誠《かざんいんさだのぶ》▲、甘露寺方長《かんろじかたなが》▲へ挨拶にいった。

年が改まり、一六八四(貞享元)年一月九日、左《さ》大臣近衛基熙《このえもとひろ》▲は改暦の話を聞くが、「仗議《じょうぎ》にはおよばない」という天皇の意向を知る。仗議とは、正式な「陣《じん》の儀」を催して審議を行うことであった。天皇は、「仗議ではなくて、上卿《しょうけい》一人が出ればよい」と考えているという。基熙は西洞院時成《にしのとういんときなり》宛てに書状を書き、革《かく》命《めい》・革令《かくれい》▲でさえ仗議があるのに、改暦のような天下の重事で仗議がないことに立腹し、「すこぶる甘心せず」と不満をもらした。二月二十五日に一条兼輝は、京都所司代の稲葉正往《いなばまさみち》▲に会い、改暦宣下《せんげ》を簡単にすませることを話しあう。その日の日記で兼輝は、今回のことで面倒なやり方をとるならば、将来、朝廷が公事《くじ》復興を計画しても幕府から妨害をされる心配があるとつづった。幕府から公事復興の支援を継続的に受けるためには、天皇が幕府から来た改暦の執奏《しっそう》をすみやかに承認していくことが大切だと兼輝は考えていた。このころ霊元天皇は、すでに朝仁親王《あさひとしんのう》への譲位《じょうい》を計画しており、新帝の即位にあたって大嘗祭《だいじょうさい》を復興したいと強い希望をもっていた。これらの件について天皇は、すでに兼

御側衆《おそばしゅう》にもなる。一六八四年、禁中で泥酔して花山院定誠らと口論におよび、天皇の怒りを買い武家伝奏を解任された。

▼**近衛基熙**　一六四八〜一七二二。後水尾法皇の指示で家督を継ぐ。霊元天皇との確執は続いたが、東山天皇からの信頼は篤く、朝廷内の第一の実力者となる。太政《だいじょう》大臣。古典籍にも通じ、書画にもひいでていた。

▼**革命・革令**　「革命」は辛酉《しんゆう》の年のこと。「革令」は甲子の年のこと。陰陽道・讖緯説《しんいせつ》によって変乱があることを避けるために改元した。

▼**稲葉正往**　一六四〇〜一七一六。稲葉正則の嫡子。京都所司代・老中をつとめる。親戚の稲葉正休《まさやす》が大老堀田正俊《ほったまさとし》を暗殺した事件で連座《れんざ》し遠慮処分となった。小田原藩主から越後《えちご》高田《たかだ》藩主《はんしゅ》になり、さらに佐倉《さくら》藩初代藩主となった。

近衛基熙

輝に諮問していた。

　二月二十八日に兼輝・基熙は参内し、霊元天皇をまじえて改暦について話しあう機会があった。兼輝と基熙のあいだで、改暦を宣下ですませるか、仗議を行うかで激しい応酬がなされた。兼輝は、「宣下だけでよい」という霊元天皇の意見を支持したが、基熙は、「仗議を行うべき」と強く反駁した。天皇は、「何か疑問があれば、仗議を行って決定するのが通例である。しかし今回の改暦は幕府からの執奏であり、すでに決定事項なのだから、仗議をしたとしても詮なしである」と語った。結局は、上卿一人だけが出る「陣宣下」が催されることになった。「陣の儀」の形式はとるが、仗議ではなく、宣下が出されるというものであった。天皇の命令で、基熙が仰詞《おおせことば》などの次第《しだい》をつくることになった。

　この話しあいで、天皇・兼輝を中心とする、幕府と協調しながら公事復興を着々と行おうとする立場と、従来の朝廷のやり方を保守すべきだという基熙の立場が真っ向から対立する構図になった。怒りを露《あらわ》にした基熙の顔を思い出して、兼輝は日記で「まことに小智《しょうち》人と謂うべし」と罵倒した。天皇としては、みずからの譲位、新帝の即位、大嘗祭再興などを思案している最中であったから、

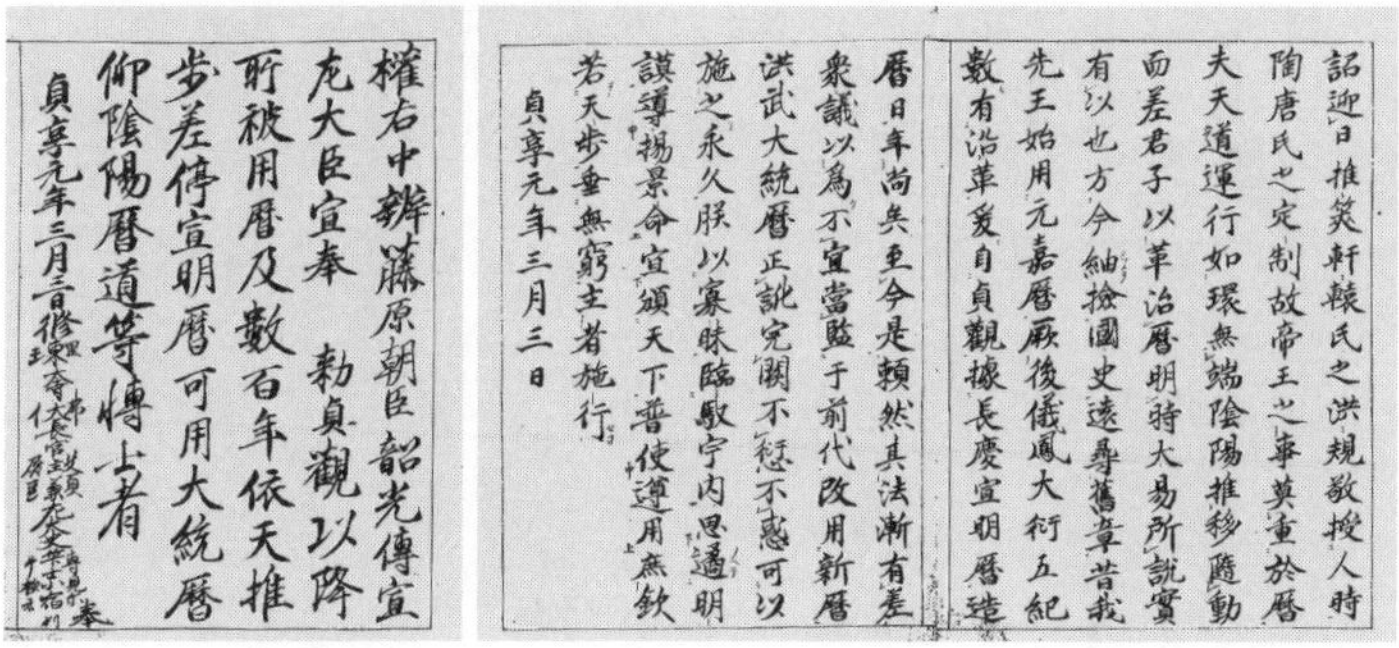
詔迎日推筴軒轅氏之洪規敬授人時
陶唐氏之定制故帝王之事莫重於暦
夫天道運行如環無端陰陽推移隨動
而差君子以革治暦明時大易所謂實
有以也方今紬捡國史遠尋舊章昔我
先王始用元嘉暦厥後儀鳳大衍五紀
數有沿革爰自貞觀據長慶宣明暦迄
暦日年尚矣至今是頼然其法漸有差
衆議以為不宜當監于前代改用新暦
洪武大統暦正訛究闕不愆不惑可以
施之永久朕以寡昧臨馭宇内思遇明
謨導揚景命宜頒天下普使遵用庶欽
若天歩垂無窮主者施行
貞享元年三月三日

權右中辨藤原朝臣韶光傳宣
左大臣宣奉　勅貞觀以降
所被用暦及數百年依天推
歩差傳宣明暦可用大統暦
御陰陽暦道等傳止者
貞享元年三月三日

大統暦採用の霊元天皇の宣下（渋川春海『貞享暦』）

改暦の件で幕府と争うことはできるだけ避けたかったのである。

大統暦の採用

三月三日に改暦の宣下があり、大統暦の採用が公にされた。天皇の宣下が出され、同時に基熙が上卿になって「陣の儀」も催された。授時暦に基づく改暦を準備してきた春海には、大統暦採用は、言葉にならないほどのショックであった。春海は、京都所司代の稲葉正往と儒者の谷三介《たにさんすけ》が大統暦を推していたから、彼らが裏で動いたのではないかと疑った（『秦山集』三十六）。

二月二十八日、兼輝と基熙との激論の末に、基熙が仰詞の草稿をつくったことは、先述したとおりである。その時にすでに大統暦採用が決まっていた。大統暦採用を言い出したのは兼輝であったと、後で基熙は記した（『基熙公記』貞享元〈一六八四〉年十月二十八日）。しかし前年の十一月二十八日には幕府の意向として授時暦による改暦が、天皇と兼輝のあいだで話題にあがっており、確認されていたはずである。にもかかわらず授時暦を大統暦に変更したのは、兼輝であった。授時暦は、元の時代につくられた暦であり、元寇《げんこう》のイメージがつきまとい、それゆえに授時暦は拒否されたという見解がだされている。この可能性は十二分にありえる。元と比較して、明《みん》のほうがはるかに当時の政治家や知識人には好意的に受けとめられた。明清交替が起こって、清を夷狄視《いてきし》して、そのぶん明を高く賞揚する風潮が生まれた。明の遺臣であった朱子学者《しゅしがくしゃ》の朱舜水《しゅしゅんすい》、▲黄檗宗《おうばくしゅう》をもたらした隠元《いんげん》▲が来日し、ますます明の文化を憧憬する傾向は生まれた。明の文化を高く評価するブームのなかで、兼輝が大統暦採用を決心したとしても、奇抜な選択ではなかった。

話を戻すと、霊元天皇・兼輝・基熙にとっては、仗議を行うか宣下だけでよいかという問題が重大な案件であった。霊元天皇・兼輝と基熙との対立構造のなかに、改暦の事案は投じられ、翻弄されている感はある。双方の側にとって、授時暦か大統暦かという暦法の選択は些細なことで、最初からどちらでもよかったのである。

春海の口状書

春海にとって、授時暦か大統暦かは些細な選択ではなかった。正之が命じて

大統暦　一三六八年より明代を通じて施行された暦法であるが、その内容は授時暦を踏襲していた。

▼**朱舜水**　一六〇〇〜八二。明末の儒学者。明の復興をはかるが実現できず、一六五九(万治《まんじ》二)年に長崎に亡命した。徳川光圀に招かれ儒教を教え、日本の儒学者に大きな影響をあたえた。

▼**隠元**　一五九二〜一六七三。日本黄檗宗の開祖。福建省《ふっけんしょう》出身。一六五四(承応《じょうおう》三)年に日本に渡来し、将軍家綱より宇治《うじ》の地をあたえられ、万福寺を創建する。

以来、長年にわたって授時暦の研究を続けてきた春海にとって、大統暦採用は認めるわけにはいかなかった。さっそく春海は土御門泰福に訴えた。春海は、江戸《えど》に戻るとまで言い出し、泰福が引き留めた。春海はすぐに口状書《こうじょうしょ》を書き上げた。四月二日に泰福がそれをもって武家伝奏の甘露寺方長に会いにいく。口状書には、「大統暦には消長法がないから将来に時差が出ますし、日本と中国のあいだに里差がありますから、日月食の時刻に差が出ます。暦元を貞享元(一六八四)年に改めるのですから、暦号《れきごう》は『貞享』という年号にするか『重修《ちょうしゅう》』を加えるべきでしょう」と書かれていた(『兼輝公記』貞享元年四月十八日)。中国の暦には「重修大明暦」という先例があったから、春海はそれを念頭においていた。「重修授時暦」という暦号になる可能性もこの時点であったことになる。

甘露寺方長に会ったおりに泰福は、禁裏《きんり》内で天文観測を行い、諸家の人びとにも改暦の準備に参加してもらい、習練してもらうことを要望した。甘露寺は、口状書をもって霊元天皇のところにいき、口状書を披露した。天皇は、「もっともな内容であり、兼輝と相談するように」と命じた。四月十八日に甘露寺は兼輝のところにいき、春海の口状書を見せて相談した。兼輝は、「春海の口状書の趣旨はもっともだ。年号をもって暦号にすべきか」と回答した。四月二十五日に兼輝は、暦号・観測の場所・観測のための人材について霊元天皇へ上奏した。そこで兼輝は、「観測地は禁裏ではなく、陰陽頭宅にしたほうがよいです」と話す。五月三日に兼輝と泰福は観測について相談した。五月十七日に兼輝は、「改暦は暦博士の幸徳井ではなく、陰陽頭の土御門にまかせ、春海を陰陽頭の代理とすべきです」と上奏する。兼輝は、「朝廷には適切な人材がいないから春海を採用すべきです」、「暦号は春海の提案どおりに元号を使用しましょう」と話した。新暦の名称は、ここで「貞享暦」と決まった。同日、甘露寺が参《さん》内《だい》すると、霊元天皇から「観測は禁裏内ではなく、陰陽寮《りょう》で行うように」と命じられた。五月三十日に泰福が兼輝のところへいくと、「今は天皇が多忙であるので、十一月一日に新暦を献上するように」と語る。兼輝は、宣下が出た直後なので、再度の宣下を出すことをためらったと考えられる。六月六日に泰福は、京都所司代に会い、観測準備のための費用のことを尋ねるが、京都所司代は、「土御門が私的な費用でまかない、後日に雑用料として幕府に申し出るように」と答えている。あとから幕府は土御門家へ下行《げぎょう》米一〇〇〇石《こく》をあたえたようである。

兼輝は、春海の口状書を見て以降、暦号については春海の申し出を認めたが、禁裏内での観測についてはスペースと人材がないという理由で拒み、かわりに土御門の邸宅で行うように指示した。これによって改暦のための観測は、土御門邸で実施され、朝廷全体の事業ではなくなった。春海は、すでに来年の暦の草稿をつくっており、それに泰福が暦注部分を記入し、すでに幕府に提出していたようである。七月七日に京都所司代を通じて、作成中の暦に誤りがあることの連絡が幕府から甘露寺のところへ来た。

九月二十二日に泰福は、兼輝に七曜《しちよう》暦を持参し、天覧《てんらん》を願った。十月六日に泰福は、兼輝に暦号宣下を願っている。十月二十三日に霊元天皇は、貞享暦の暦号を内諾し、宣下は翌月とすることになったが、あとから変更になった。十月二十六日に兼輝から泰福へ「二十九日に宣下がなされ貞享暦になる」ことが知らされるが、「他言は無用」と口止めされる。二十九日に改暦の宣下が出された。それは、三月三日の大統暦採用の宣下を撤回したものであり、兼輝の失策と受けとめる公家もいた。事実、新しい改暦の宣下を前日に知った基熙は「嘲弄《ちょうろう》す

『兼輝公記』貞享元年４月18日　武家伝奏甘露寺方長が兼輝を訪ねて，春海の口状書を披露した。

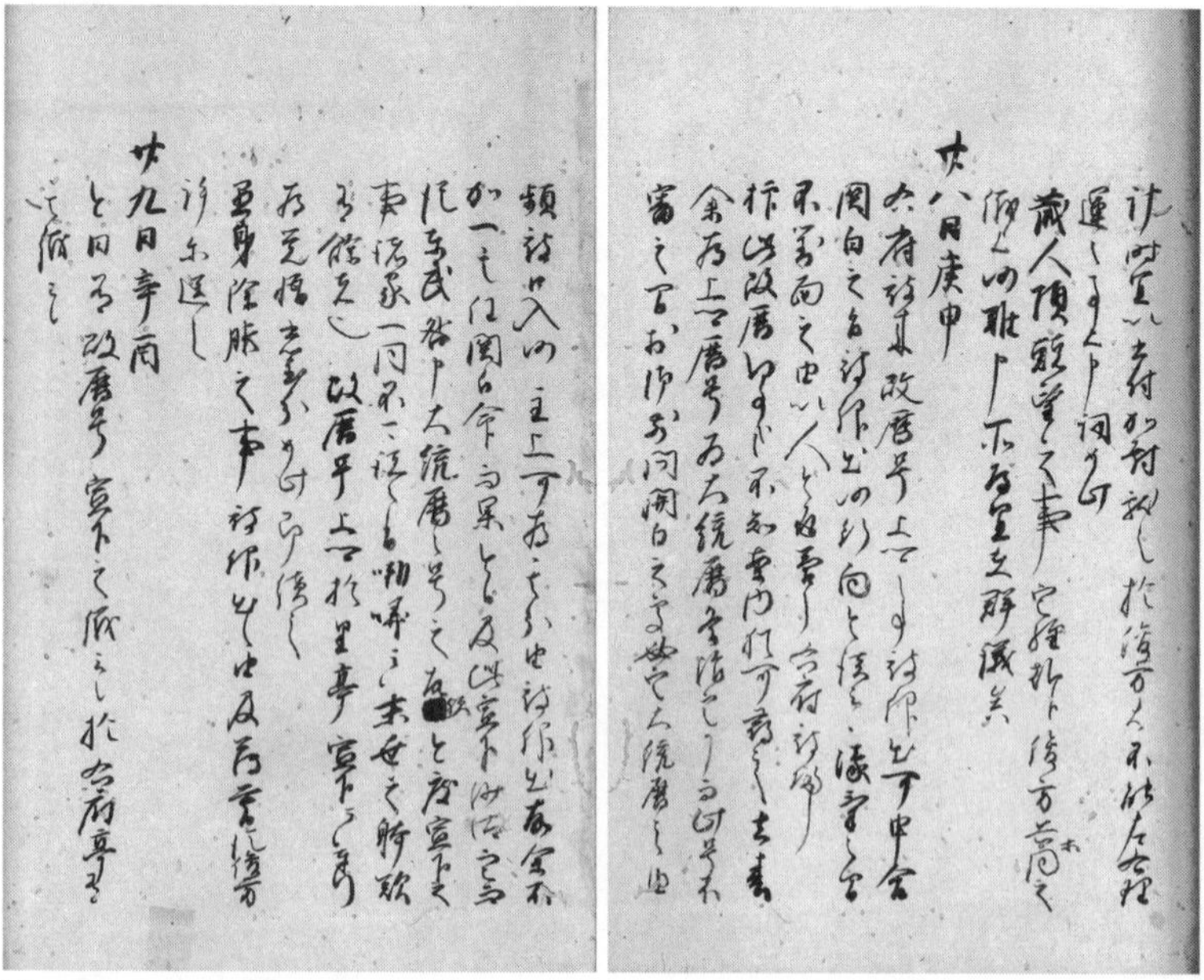

『基熙公記』貞享元年10月28日

べきことだ」と書き、「末世の体か」となげいた(『基熙公記』貞享元年十月二十八日)。十月二十九日の改暦の宣下は、突然のことであり、基熙は事前には聞かされていなかったことがわかる。

十一月一日には幸徳井友信が、霊元天皇に新暦を献上した。いうまでもなく新暦は、春海が製作したものであった。江戸に戻った春海は、十一月二十八日に新暦を綱吉に献上した。十二月一日に春海は、碁方を免じられて、天文方となり、切米《きりまい》一〇〇俵を受けることになった。こうして、一六八五(貞享二)年から貞享暦が施行された。

これまでみてきたように朝廷では霊元天皇・兼輝と基熙との対立の構図があって、改暦もその対立の構図のなかに巻き込まれた。天皇の厚い信頼を受けた兼輝が主導し、三月三日の宣下ではみずからの判断で大統暦採用を決めたが、あとから春海に反対された。春海の口状書を受け入れた兼輝は、授時暦をベースとした改暦に同意し、新暦の名称を「貞享暦」とすることも承諾した。三月三日以前に兼輝と泰福とのあいだで、事前に新暦法についての相談はなかったと思われる。なぜなら泰福は、長年にわたって春海が授時暦の研鑽につとめてい

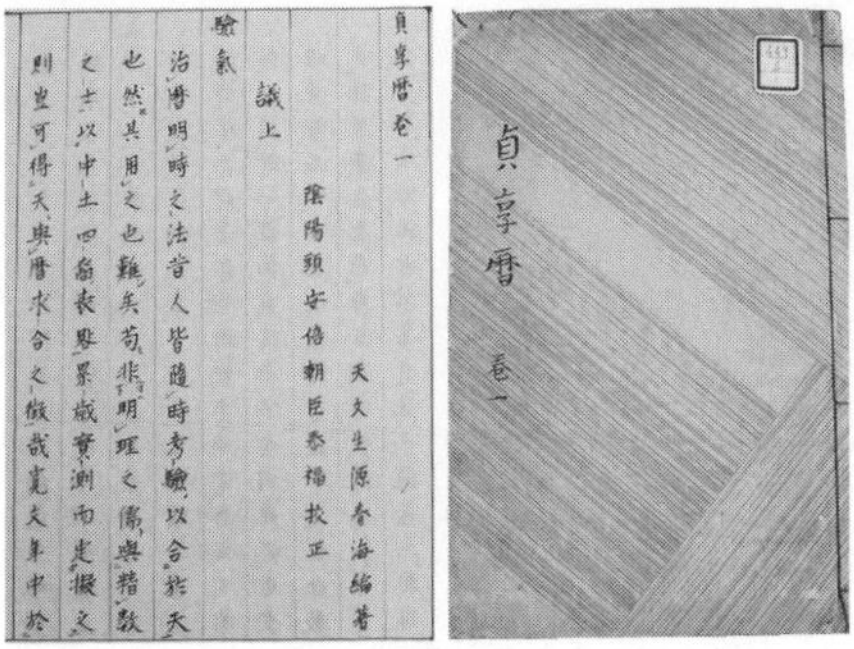

渋川春海『貞享暦』

たことをよく知っており、兼輝との相談の機会があれば、その旨を伝えていたはずである。春海の口状書をすぐに承諾したのも兼輝であったことを考えると、兼輝にとって暦法の種類は、さしたる関心事ではなかったといわざるをえない。

もし春海が三月三日の宣下に対して無抵抗のまま沈黙を守り、兼輝の決定に押し切られていたら、一六八五年から宣明暦にかわる新暦は大統暦になった可能性がなかったわけではない。しかしそうはならずに、朝廷において改暦が十月二十九日の宣下によって正式に決定し、翌年から貞享暦法でつくられた貞享暦が社会に普及することになった。暦の内容だけではなく、記載の様式も統一されて、どこの地域で生活している人も、同一の暦を見るようになった。この暦の画一化がもたらした影響は、社会のさまざまな領域におよんだ。

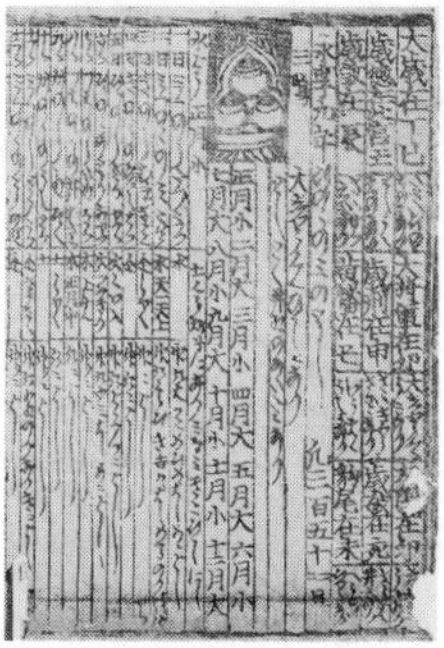
三嶋暦

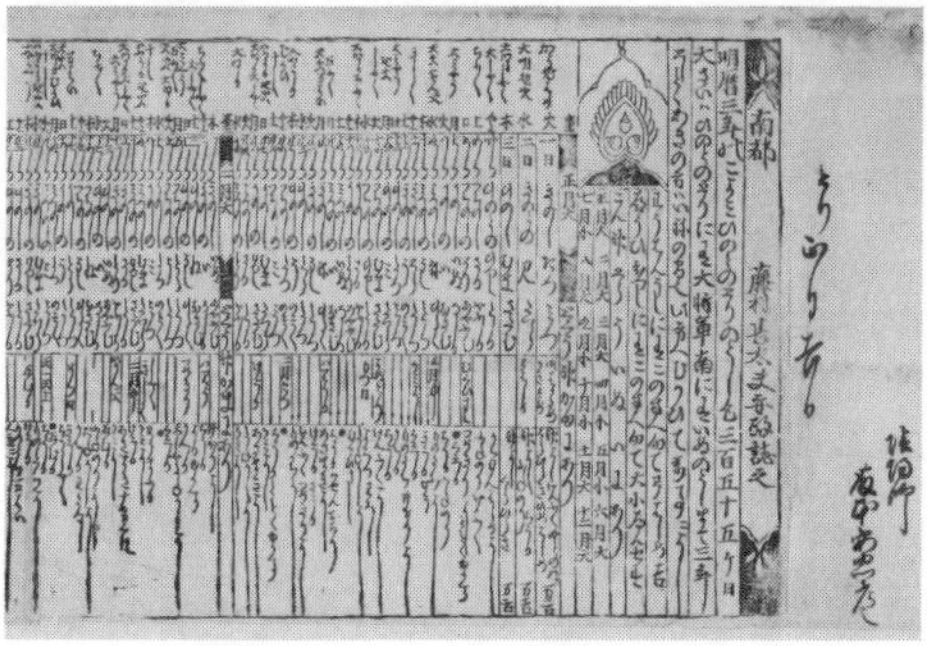
南都暦

④—改暦の社会的影響

暦師にとっての改暦

貞享《じょうきょう》改暦の激変を、固唾《かたず》を呑んで見守っていたのは、暦を刷って販売することを生業にしていた暦師《れきし》たちであった。各地にいた暦師は、宣明《せんみょう》暦法によって自分なりに計算し、板木を彫り、暦を板行し、頒布していた。暦師は、これまでどおり板行、頒暦を継続できるかどうかを心配していた。どのように新暦の原本が入手できるのかが、見当もつかないありさまであった。

地方の暦師が登場したのは、室町《むろまち》時代中期頃のことであった。それまでは暦は、京都を中心に書写されて、公家《くげ》社会を中心に限られた人びとに配布され使用されていた。十五世紀頃より京都に摺暦座《すりごよみざ》という暦師（「経師《きょうじ》」と呼ばれていた）の組合がつくられ、暦の専売権を握った。経師の長は大経師と呼ばれて、当初は経師が交替して大経師の地位を担ったが、あとから家筋が固定したようである。一六一三（慶長《けいちょう》十八）年に後陽成院《ごようぜいいん》から暦開板《かいはん》の許可を受けて禁裏《きんり》の御《ご》用《よう》をつとめる経師があらわれ、院《いんの》経師と称した。京都では、大経師家、院経師家が暦の板行、頒布を行っていた。

京都の以外の地域でも暦師は生まれていた。十五世紀以降、三嶋《みしま》神社の下社《しもしゃ》家でもあった暦師の河合《かわい》家や、会津《あいづ》の諏方《すわ》神社の神職も作暦を行っていた。関東の氷川《ひかわ》神社の陰陽師《おんみょうじ》は大宮《おおみや》暦を作成した。大和《やまと》では、陰陽師が大和一国に配る南都《なんと》暦を作成していた。伊勢国飯高《いせのくにいいたか》郡丹生《にゅう》村にいた丹生賀茂《かも》家▲は、丹生暦を作成し頒布した。丹生賀茂家と伊勢の暦師は頒布をめぐって争った。伊勢暦は、伊勢御師《おし》の活動によって近世において全国津々浦々にゆきわたるようになった。このように各地域にいた暦師は、宣明暦法の計算に基づき暦を作成し、頒布していたから、改暦のニュースを不安な面持ちで聞いていたであろう。

一六八四(貞享元)年九月頃、伊勢の暦師のあいだで来年からは暦の板行・販売は不可能になるという不穏な噂《うわさ》が流れた。それは、「暦師と陰陽師を兼業していた箕曲甚大夫《みのわじんたゆう》ほか二人が、京都の土御門《つちみかど》家に呼ばれ、新暦法の指導を受けている、したがってこの三人には新暦の原本があたえられるが、それ以外の暦師には原本はあたえられない」という噂であった。心配した暦師は山田奉行《やまだぶぎょう》▲岡部勝重《おかべかつしげ》に疑念を訴え、岡部は老中《ろうじゅう》に問い合わせる。老中は、それぞれに地方

▼**丹生賀茂家**　現在の三重県多《た》気《き》郡多気町丹生で暦を作成していた暦師の家。南都暦の系譜を引く。十六世紀に伊勢国司《こくし》の北畠《きたばたけ》氏より造暦の権限を認められた。近世になると丹生が紀州《きしゅう》藩領地になり、紀州藩領内の暦販売を許可された。

▼**山田奉行**　江戸幕府の遠国奉行の一つ。豊臣秀吉《とよとみひでよし》が設置し幕府に引き継がれる。伊勢神宮の警備、二〇年ごとの遷宮《せんぐう》の造営奉行、神宮領の支配や裁判、さらに周辺幕府領や港の支配にあたった。

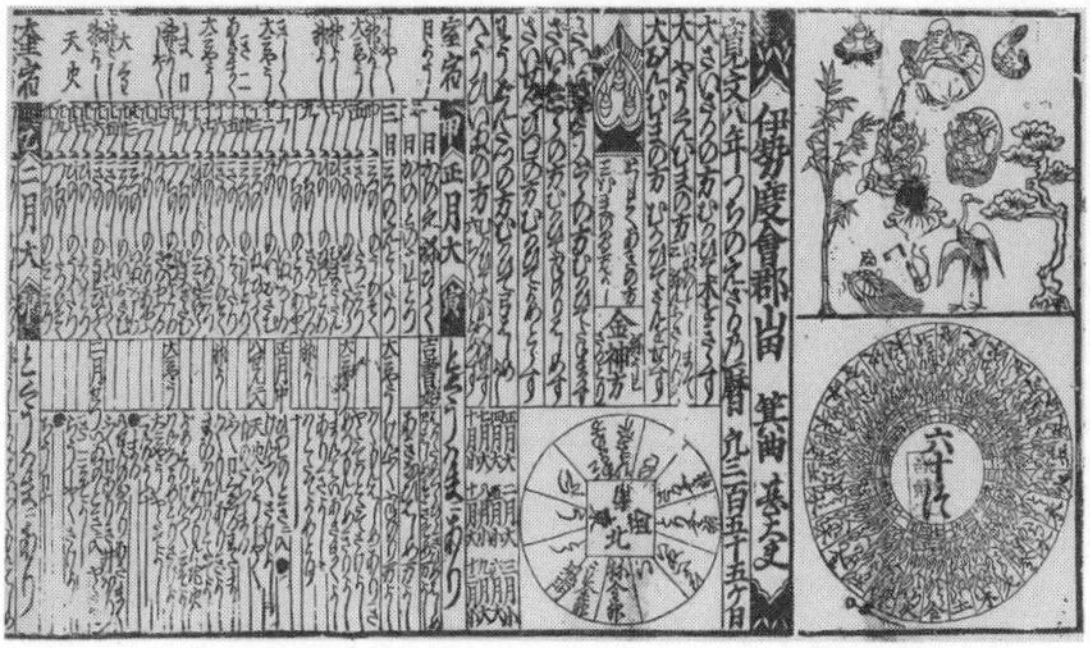

伊勢暦

の暦師には由緒があるのであろうから、彼らの生業は継続されるべきだという判断をくだした。

同じころ京都では院経師が、新暦の原本を入手できず困っていた。それまでは幸徳井《こうとくい》家から翌年の原本がまわってきたはずなのに、この年は来ないのである。幸徳井家は、新暦の原本を大経師へは渡したが、院経師には渡さなかった。それには理由があった。大経師が、京都所司代《しょしだい》稲葉《いなば》正往《まさみち》から「改暦以降、大経師一人に新暦の板行・頒布をまかせる」と命じられたと公言したため、幸徳井家が院経師へ原本を渡せなくなった。しかし稲葉が大経師に求めたのは、「地方暦ごとに書式がまちまちなので、改暦を機に大経師に書式統一をまかせる」という内容であった。稲葉の命令を誤解したのか、意図的に歪曲したのか、大経師は、稲葉から新暦の板行と頒布の独占を認められたと公言した。

困り果てた院経師は、まず幸徳井家と土御門家に願い出るが、「自分たちの所意ではどうにもできない。御所《ごしょ》筋か武家伝奏《ぶけてんそう》からおおせがあれば、いつでも渡すことはできる」といわれる。そこで武家伝奏の花山院定誠《かざんいんさだのぶ》、甘露寺方長《かんろじかたなが》のところにいくが、取り合ってくれない。四、五カ月のあいだ毎日のように武家

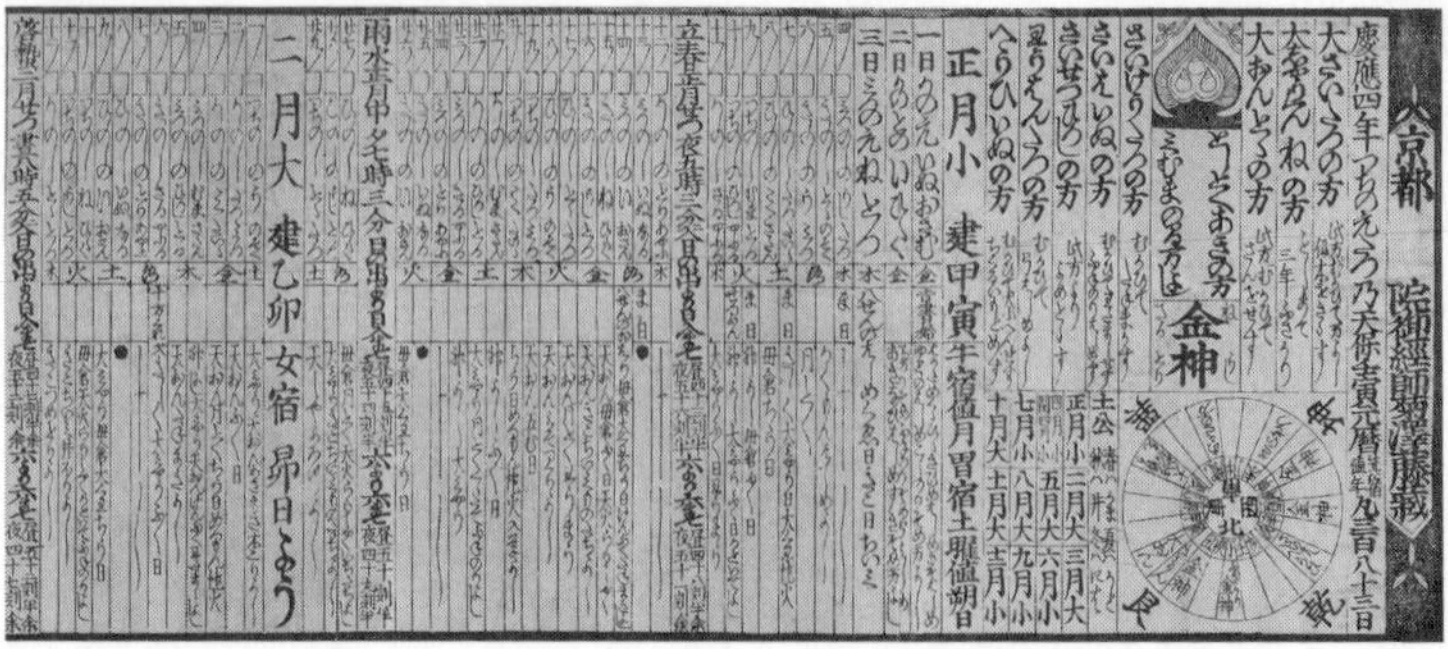
院経師暦

伝奏にかようが、対応はしてくれなかった。最後に武家伝奏がやっと対応してくれて、「これまでどのくらい板行してきたのか」と尋ねた。院経師は、「かつては五、六万幅を刷っていたが、いまは一万幅ほどです」と答える。武家伝奏は、「売帳があれば改めるので提出するように」と命じるが、売帳はなかった。武家伝奏は、「今後は一万幅の板行をできるようにするので、院経師と町方《まちかた》からの印形《いんぎょう》付きの証文を出すように」と命じた。その後、証文が出されて、十二月五日にこの件は落着した。

院経師の願いが出されているあいだ、大経師は、数日間にわたって京都所司代稲葉正往のところへいき、「他の暦師の暦は差し止め、大経師の一板で暦が刷れるようにしていただきたい」と願い出ていた。稲葉は、「大経師が他の暦師を差し止めるのであれば、他の暦師が大経師を差し止めることもありえる」と語るが、大経師は、「他の暦師が私方を差し止めることはできませんが、私が他の暦師を差し止めることはできます。それには謂れがあります」と陳述し、綸旨《りんじ》・下知状《げちじょう》の写しを稲葉へ提出する。しかし稲葉は、「どの暦板行も伝来由緒はもっているのだから、差し止めることはできない」という判断をくだす。

同じころ土御門泰福《やすとみ》が独自の動きをする。泰福は、京都所司代稲葉へ願書を出し、大経師一人に板行をまかせるべきだという意見を述べる。それには、「往古から大経師暦は一つの板で正しく刷られてきましたが、その後諸国の所々で暦板行がなされるようになり、いろいろな暦ができて、暦面の相違が生じました。大経師一人に板行を許可するようになれば、暦面の相違はなくなります」と書かれていた。稲葉は、泰福の願書を見て、不快感を顕《あらわ》にし、「いまだ新暦もできていないのに、このような吹挙はあってはならない。土御門殿のためにもならないことだ」と非難し、願書を斥けた。

稲葉が、大経師の願いを取り上げないことが続いたため、しびれを切らした大経師は、江戸町《えどまち》奉行所へ願い出た。それを知った稲葉は、大経師が所轄役所を越えて江戸町奉行所に願い出たことを不届きだと非難し、烈火のごとく激怒した。稲葉は、大経師にはそれ以外にも不行跡《ふぎょうせき》があったことから綸旨・下知状を取り上げ、当時の大経師の浜岡権之助《はまおかごんのすけ》を改易《かいえき》処分にした。大経師家は、浜岡のあとに降屋内匠《ふるやたくみ》という別な人物が家督《かとく》を継いだ。

浮世絵「大経師昔暦」(広信画)

ビジネスとしての改暦

一六八三(天和《てんな》三)年に浜岡家はセンセーショナルな密通事件を起こした。浜岡権之助の女房おさんが、手代《てだい》の茂兵衛《もへえ》と密通をおかし、駆落ちをして、彼らの生まれ故郷の丹波《たんば》に逃走したというのである。二人は、つかまって磔《はりつけ》に処された。稲葉が浜岡の改易処分の理由にあげた「それ以外の不行跡」とは、この密通事件であった。

井原西鶴《いはらさいかく》は、この事件をもとに「中段に見る暦屋物語」(『好色五人女《こうしょくごにんおんな》』)を創作し、おさんを通じて、既成の道徳に囚われずにみずからの思うように生きようとした上方町人《かみがたちょうにん》の女性を描いた。「大経師おさん歌祭文《うたさいもん》」という歌祭文がつくられて、「おさん茂兵衛」という躍音頭《おどりおんど》さえも生まれた。近松門左衛門《ちかまつもんざえもん》は、西鶴や歌祭文に触発されて、「大経師昔暦《だいきょうじむかしごよみ》」という浄瑠璃《じょうるり》の台本を書いた。二人が死罪になってから三十三回忌にあたる年に「大経師昔暦」の初演がなされた。近松は、わざと舞台を実説とは異なる一六八四(貞享元)年十一月朔日の大経師家に設定した。十一月朔日とは、新暦が披露される日であり、大経師家も一年中で一番忙しい日であった。「大経師昔暦」は、これ以降も浄瑠璃、歌舞伎《かぶき》で「恋《こい》

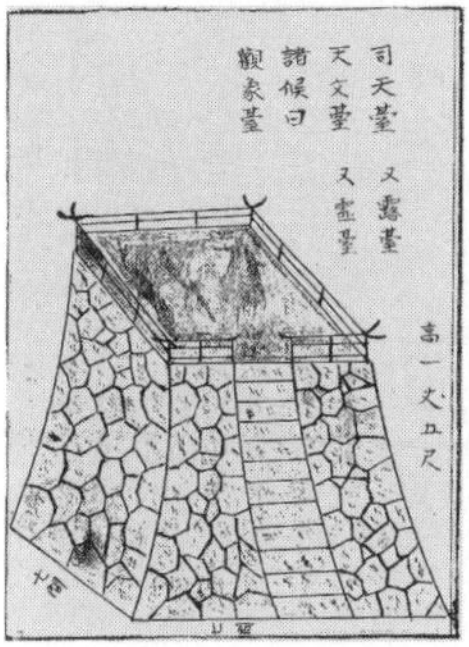

梅小路天文台露台(『授時解《じゅじかい》』) 土御門泰邦が宝暦改暦時に使用したもの。

八卦《はっけ》柱暦《はしらごよみ》」という題で上演され、近代まで続いた。貞享改暦は、浮世草紙《うきよぞうし》、浄瑠璃、歌舞伎などの文芸や芸能を通じて、大経師家で起こった密通事件と関連した出来事として人びとの記憶にきざまれた。

「大経師昔暦」を通じて当時の社会構造を分析した桑原朝子は、「『大経師昔暦』は、通常の町人とは桁違いの利益と待遇を得ていたという、大経師の社会的位置付けについても強い関心を払い、その点をも明瞭に描き出している」と指摘した。改暦は、大経師家にとっては「桁違いの利益と待遇」を生むビジネスチャンスであったことは事実であろう。

貞享改暦までの暦は、幸徳井家が担当し、土御門家がかかわることはなかった。しかし改暦の準備や上奏《じょうそう》を通じて土御門泰福は深くかかわるようになった。泰福が伊勢の陰陽師を呼びよせたのは、土御門邸で天文観測や計算の手伝いをさせるためであったと考えられる。この時点では翌年の暦はできているので、それ以降の造暦の準備のためであった。事実、一六八四年から八六(貞享元〜三)年の間、春海と泰福は、毎年土御門邸で天文観測を継続した。一六八四年の時点では、泰福は将来にわたって土御門家で造暦を行いたいと考えていたと

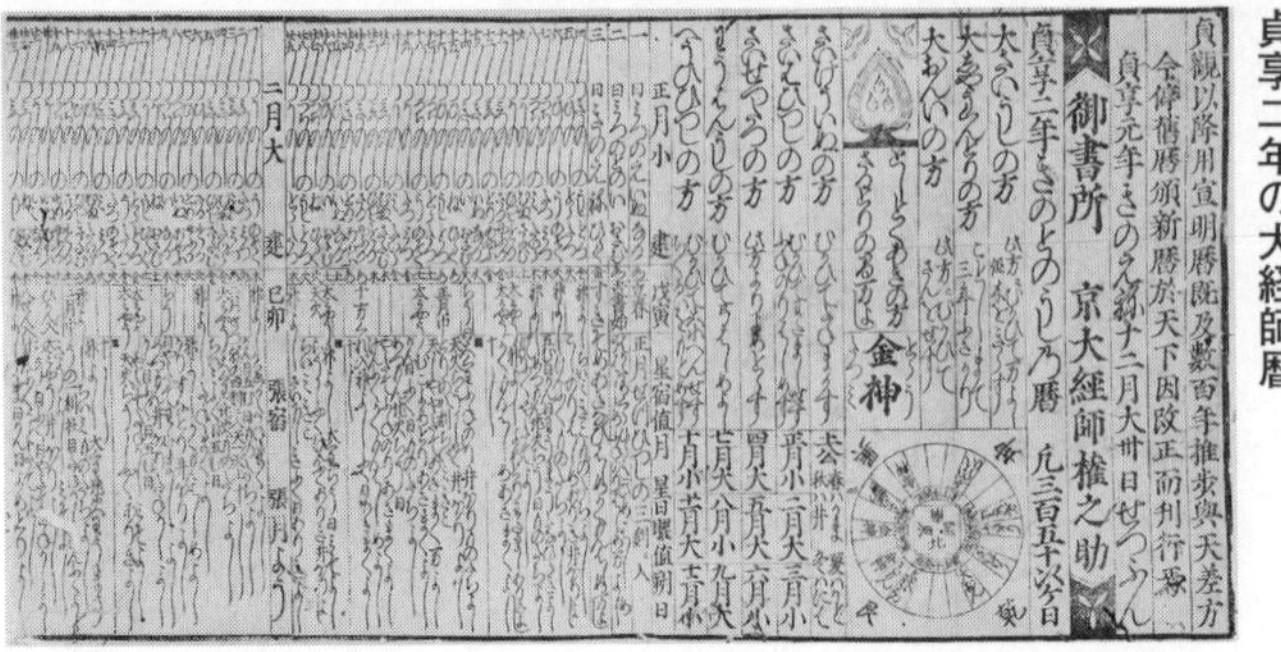

貞享二年の大経師暦

思われる。さきにみたように、大経師には板行の権限を独占する動きがあり、泰福がそれを積極的に後押しした。春海に補助させながら土御門邸で暦の原本をつくり、大経師が暦の板行と全国頒布の独占権を握るという野望が、泰福や浜岡権之助のあいだで芽生えたとしても不思議ではない。改暦は、泰福や浜岡が「桁違いの利益と待遇」をえる機会になりえた。

しかし泰福と浜岡の野望は、老中や京都所司代稲葉正往によってみごとに打ちくだかれた。稲葉は、浜岡が提出した綸旨・下知状の権威に屈しなかった。この背景には、老中や稲葉が、改暦を幕府《ばくふ》の事業として判断し、それ以降の毎年の造暦は幕府で行われるべきだという点に関して、一切妥協をしなかったことがある。

天文方《てんもんかた》が設置されて、春海が初代天文方に任じられた。これによって、泰福が構想していた野望は断たれた。もし土御門家が暦の原本をつくり、大経師が新暦の板行、頒布の独占に成功していれば、そのことの政治的な意味と経済的効果は、計り知れないものがある。半世紀後に泰福の息子泰邦《やすくに》▲が、天文方の西《にし》川正休《かわまさやす》▲と競い合い、西川を斥けて、強引に宝暦《ほうりゃく》改暦の主導権を握る事件が起こる。改暦主導権の奪取は、土御門泰邦という特異なキャラクターに帰せられることが多いが、改暦であろうと毎年の造暦であろうと、本来自分の家が行うべきことだったという意識が、泰邦にはあったのではなかろうか。正休との交渉過程をみると、泰邦の強引さは度がすぎているが、暦学についての泰邦の超人的な勉強ぶりとあわせて考えると、泰邦は、父泰福が確立した陰陽道宗家《おんみょうどうそうけ》の権限の拡大にこだわっていたともいえる。

造暦のプロセス

つぎに貞享改暦後の造暦のプロセスを再現してみよう。造暦過程には暦博士の幸徳井家が参与するようになり、造暦の過程は複雑なものになった。天文方は、暦の原本をつくるだけではなく、暦師が板行した記載内容をチェックする機能も担った。貞享改暦以降、造暦のプロセスは少しずつ変化したが、大筋では以下のようになった。

(a)天文方が暦草《れきそう》(原本のこと)を作成し、土御門家・幸徳井家へ送る
(b)幸徳井家は暦注《れきちゅう》を記入したうえで土御門家に戻し、天文方へ送る

▼**土御門泰邦**　一七一一～八四。土御門家の家職である陰陽頭《おんみょうのかみ》を継ぐ。宝暦改暦では、西川正休より主導権を奪回する。

▼**西川正休**　一六九三～一七五六。天文暦学者。西川如見《じょけん》の次男。江戸で天文暦学を講じる。『天経或問』を訓訳し、その解説では気の理論によって西洋天文学を位置づけた。

各地の暦師の営業範囲(1686年)

伊勢暦	御師の土産ばかり。売買は禁止。写本暦は天文方より飛脚で遣わす
南都暦	大和の陰陽師が，大和一国で売買。他国に出さない
三嶋暦	伊豆一国のみ。江戸に出しているが，売買はできない
会津暦	領内の売買。近辺に出している
江戸暦	大勢の暦師がいて売買を許されている。写本暦は天文方から遣わす
大経師暦	いずれの国でも売買できる

(c)天文方で校閲し写本暦稿を作成し、幸徳井家に送る。幸徳井家から大経師に渡す
(d)大経師は写本暦稿を板に彫り、刷ったもの(写本暦という)を天文方へ送る
(e)天文方で写本暦を校正して地方の暦師に配布
(f)地方の暦師は写本暦に基づき暦の板を彫って暦を刷り、天文方に送る
(g)天文方は暦を校合し、暦師に戻す
(h)地方の暦師は暦を発行

かつての暦師はみずから計算し、暦注を記入し、板行を行っていたが、そうした単独の造暦方式は消滅した。かわって天文方が暦算し、幸徳井家が暦注を入れ、各地の暦師が板行して頒布するという分業体制が誕生した。このような分業体制に基づき、同一の内容と様式の暦が全国津々浦々に流通するようになった。日本列島の各地で生活している人びとが、画一化された同じ暦を見て、同じ時間を生きることになった。一六八六(貞享三)年に春海が、大経師の降屋内匠に申し渡した文書に各地の暦師の営業範囲が記されている。この時点で各地の暦師は公認されており、営業範囲を決められた。表にしてみると上のとお

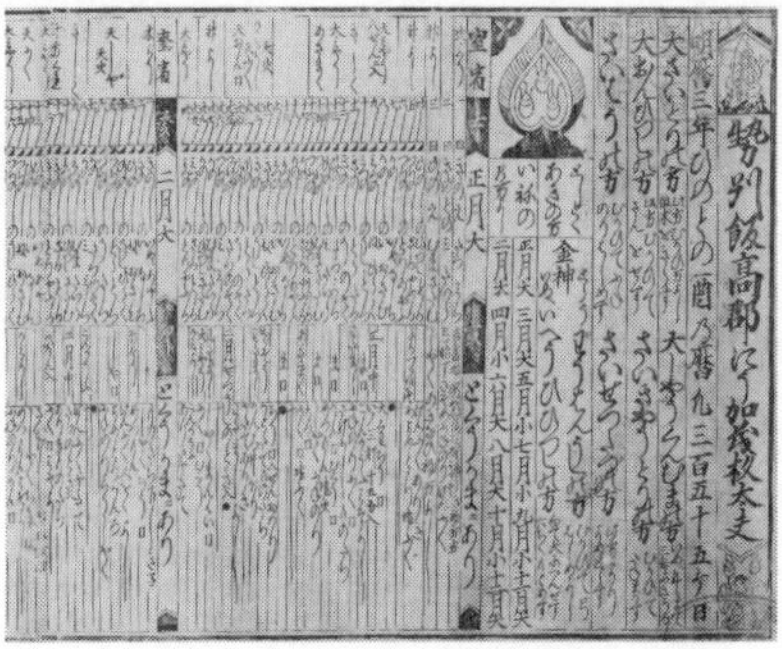
丹生暦

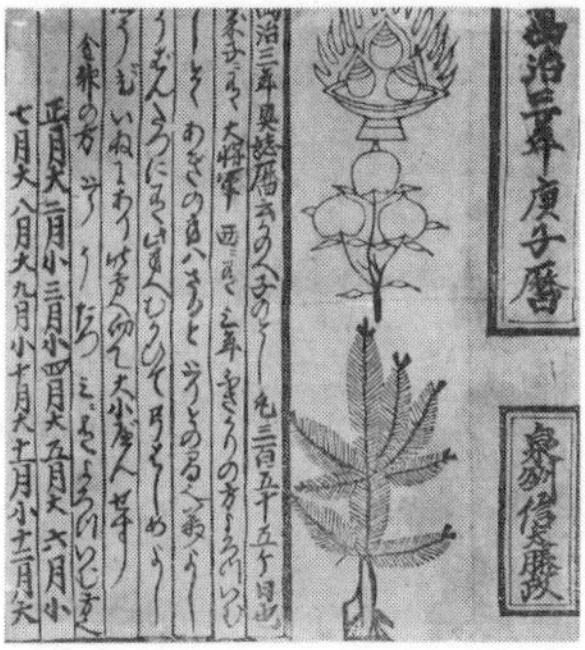
泉州暦

りである。丹生《にゅう》暦、泉州《せんしゅう》暦の暦師の場合、土御門家の配下であったから、土御門家より(e)の段階のものが送られてきた。

貞享暦への批判

改暦後に貞享暦に対して厳しい批判がよせられることがあった。それは、春海の計算法に誤りがあるというものであった。ここでは、二つの批判を紹介しておく。第一の批判は、改暦が行われた年に水戸藩《みとはん》の暦算家であった川勝六郎《かわかつろくろう》右衛門《えもん》が行ったものである。川勝は、五月望日《ぼうじつ》の月食《げっしょく》が始まる時刻は、貞享暦では「丑《うし》の一刻《いっこく》」とあるが、授時《じゅじ》暦では「子《ね》の四刻《しこく》」になっていて、貞享暦の誤りだと公言した。この五月の月食は、改暦後、最初の食であったから、世間の関心を引いた。春海は、川勝の疑問に対して「里差を考慮したものだ」と答えたが、川勝は、「十一月十五日の月食が、貞享暦と授時暦とで同じ時刻になっているのは、いかがなことか。春海は、授時暦を理解できてないようだ」と痛烈な春海批判を展開した。

当日、中山篤親卿《なかやまあつちかきょう》の家に、大勢の人びとが月食を見るために集まった。川勝は、「今宵の食は子の刻に始まる。新暦は粗相なものだ。諸君は、これを見て一笑の興とすればよい」と語った。子の刻を知らせる九つの鐘が鳴り、みなが庭上に出るが、食は始まらない。川勝は、「九つ半までは子の刻だ。ご覧ください」というが、なかなか食は始まらない。ついに一人去り、二人去り、誰もいなくなった。丑の刻を知らせる八つの鐘の時に、日食《にっしょく》が始まった。この事件で恥をさらした川勝は、老病と称し暦算をやめることになった(『秦山集《しんざんしゅう》』三十五)。

授時暦研究者であった川勝は、春海が里差の考え方を導入したことに批判的であった。川勝は、それだけ授時暦に忠実であろうとした。春海には、ライバルは少なくなく、互いにしのぎを削っていた。貞享改暦をなしとげた春海に対しての嫉妬と風当りは強かったと思われる。和算《わさん》の関孝和《せきたかかず》も、授時暦の研究者であり、春海のライバルであったが、改暦以降は、授時暦研究の意欲を失った。

第二の批判は、一七〇三(元禄《げんろく》十六)年に、ある儒者《じゅしゃ》が出したものであった。その儒者は、「貞享暦以来一五日満月が少なく、凶年が多く、中国の時憲《じけん》暦とは節気《せっき》が異なる。中国では一五人の暦官が連署して作成しているが、貞享暦は春海一人だ。どうして失敗がないであろうか」と貞享暦を批判した（『秦山集』三十五）。さらに儒者は、「近年中国は豊年であるが、日本は凶年である。これは、暦の違いのためではないか」ともいった。春海は反論し、外国の暦と日本の暦が異なるのは当り前のことと反論した。七月に朝廷《ちょうてい》は、幸徳井家、土御門家、諸家の公家、長崎にいる中国人にも意見を聴収することになった。儒者は、「日本だけが暦が異なる。他の国は中国の時憲暦に従っている」と発言した。ところが翌年、一七〇四年の夏に中国を大災害が襲い、「南京《ナンキン》辺り、飢人相食い、山割れ」という悲惨な状況が起こる。「これにおいて儒者は、口を閉ざした」と春海は記し、自分が論争に勝ったことを述べた（『年譜《ねんぷ》』）。

儒者の貞享暦批判が、朝廷を巻き込んだ大事件になったことは興味深い。天が治者の政治を諌める時に、天変、地変を起こすという思考法は、中国、日本でも古くからあった。しかし悪しき暦法の施行が、災害をもたらし凶年になるという考え方は、あまり聞いたことはない。しかし一七〇二（元禄十五）年には凶作が続き、奥羽《おうう》地方では餓死者が多数にのぼり、米価は高騰し、赤穂《あこう》事件も起こっており、社会不安が増大するなかで、儒者の貞享暦批判は、一定の説得

徳川綱吉

隆光

▼**護持院** 江戸の神田橋《かんだばし》外にあった新義真言宗《しんぎしんごんしゅう》の寺院。綱吉が隆光のために建立《こんりゅう》。一六八八(元禄元)年火災で焼失し、護国寺の境内に移された。

力をもって流布して、人びとの不安をあおったと考えられる。

春海は、中国を「中国」とは呼ばす、「西土《せいど》」といって、中国を模倣することをきらい、日本中心の復古《ふっこ》主義的な信念をもっていた。春海だけではなく、保科《ほしな》正之《まさゆき》、吉川惟足《よしかわこれたる》、山崎闇斎《やまざきあんさい》のあいだでも復古主義の基調は共有されていた。しかし春海に共鳴する人は、社会全体のなかで一握りの勢力でしかなかったと思われる。反対に中国の暦法である授時暦・時憲暦を忠実に施行すべきだという見解は、根強くあったものと思われる。川勝や儒者は、そうした中国崇拝の考え方を代表していた。

綱吉と天文密奏

天文方になった春海は、天文観測を行い、造暦のための暦算を行っていたが、将軍綱吉《つなよし》に個人として仕えていた。綱吉は、儒教《じゅきょう》に傾倒し、儒教的な名君《めいくん》の自意識をもっていた。他方で、綱吉は仏教にも熱心であり、母の桂昌院《けいしょういん》とともに護持院《ごじいん》▲の隆光《りゅうこう》に帰依《きえ》していた。一六八二(天和二)年八月に夜空に彗星が出現した。その天変をみずからへの警告と受け取った綱吉は、「私が職務を怠っ

護国寺（『江戸名所図会』）

ているせいか、政事に私曲があるためであろうか」と自戒したというエピソードが残っている。この話のあとに、綱吉公は古の名君賢主に劣ることはないと褒め言葉が続く(『常憲院殿《じょうけんいんどの》御実記《ごじっき》附録巻下』)。

一六八六(貞享三)年五月八日に、月のなかに明るい星が入るのが目撃される。綱吉は、天変であり怪異の前兆かと恐れ、日・月の天変は重大だと述べて、隆光に意見を求めた。隆光は、月・星はめぐるので、珍しい天変ではないと回答する。綱吉は林鳳岡《はやしほうこう》にも尋ねると、隆光と同じ答えが返ってきた。天変について、一六八九(元禄二)年まで鳳岡の名前は出るが、それ以降は出ない。鳳岡にかわって春海が、天変について綱吉の質問を受けるようになった。春海の自筆『年譜』によると、一六九一(元禄四)年に「時々密奏《みっそう》の事これあり」とあり、この頃から春海による天文密奏が頻繁になったとみてよい。隆光や鳳岡は、深夜を通じて天体観測を行っていたわけではなかったが、春海は望遠鏡・渾天儀《こんてんぎ》を使って深夜の天体観測を続けていた。したがって春海は多くの天変を発見して、綱吉に逐一報告し、隆光による祈禱《きとう》を進言することができた。

天文密奏とは、天変が生じた場合に天文博士《はかせ》が天皇に対して占文《せんもん》を密封して

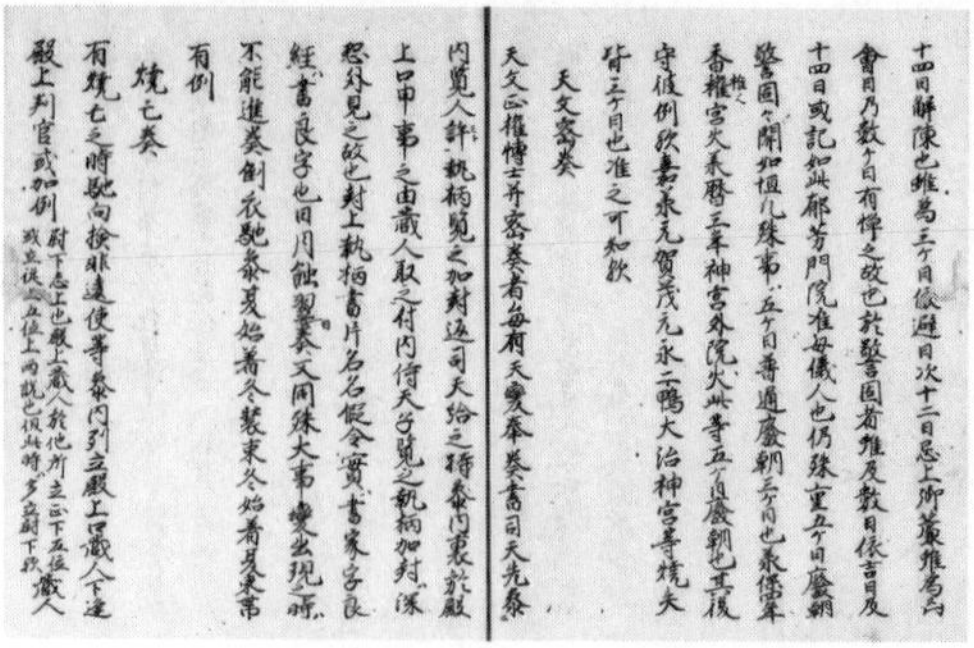
十四日解陳也雖為三ケ日儀避日次十二日忌上御薬雖為凶
會日乃數ケ日有憚之故也於警固者雖及數日依吉日及
十四日或記如此郁芳門院准母儀人也仍殊重五ケ日廃朝
警固之開如恒凡殊事ハ五ケ日普通廃朝三ケ日也承保第
香椎宮火承暦三年神宮外院火此等五ケ日廃朝也其後
守彼例歟嘉承元賀茂元永二鴨大治神宮等焼失
皆三ケ日也准之可知歟
天文密奏
天文並權博士并密奏者毎有天変奉奏書司天先奏
内覧人許執柄覧之加封返司天給之持参内裏於殿
上口申事之由蔵人取之付内侍天子覧之執柄加封深
惣外見之故也封上執柄書片名假令實ハ書家字良
経ハ書良字也日月蝕習奏又同殊大事變出現之時
不能進奏側衣馳参夏始着冬装束冬始着夏装束常
有例
焼亡奏
有焼亡之時馳向撿非違使等参内列立殿上口蔵人下遣
殿上判官或加例

天文密奏の解説（鎌倉時代の有職《ゆうそく》故実書《こじつしょ》『禁秘抄《きんぴしょう》』）

上奏《じょうそう》するという慣行であった。もともと天変は、天からの天皇への警告であり、それを知った天皇は反省して、身を慎まなくてはならなかった。しかし時代とともに天変の意味は変わっていき、天からの警告ではなく、地上への悪影響の兆候と受けとめられた。天変が起こると、その悪影響を防御し、天皇の心身を守護するため、祭祀や祈禱が行われるようになった。天文密奏は、長く朝廷の慣行でありつづけ、近世にも土御門家によって行われていた。綱吉は、この朝廷の天文密奏を導入した。そこで抜擢されたのが、春海であった。常日頃、天体観測を行っており、土御門家の門人でもあった春海が、天文密奏にふさわしい人物と考えられたのであろう。あるいは春海のほうから、積極的に天文密奏を綱吉に売り込み、みずからのプレゼンスを高めようとしたのかもしれない。つぎに具体例を検討しよう。

一六九八（元禄十一）年八月十七日に春海は、熒曲星《えいきょく》（火星のこと）が心星《しんせい》をおかすことが二十日すぎに起こることを指摘して、「君主の凶事」となる恐れがあるので、祈禱を行うべきと綱吉に上申した。綱吉は、隆光に祈禱を命じた。実際には二十一日から雨が降り続き、空が見えた時には二つの星は離れて、変事はなかった。綱吉は、隆光による祈禱の効力を褒めて、褒美をあたえた。一七〇〇(元禄十三)年七月十日に春海は、二十日頃までに熒惑《けいわく》星(火星のこと)が心星の宿を通過することを予告して、二年前には同じ天変が起きたおり、大火事で寛永《かんえい》寺《じ》大仏殿《だいぶつでん》が焼失したことをあげて、綱吉へ祈禱を上申した。隆光は、あらかじめ春海から聞いていたのであろうか、朔日から祈禱を行っており、さまざまな修法《しゅほう》を同時に実施した。十五日に隆光は、綱吉に召されて祈禱に出精することを命じられた。その十五日に皆既月食が起こり、「月食は后妃《こうひ》にたたる」ことを隆光から伝えられた綱吉は、ますます祈禱に励むようにと命じた(『常憲院殿御実記巻四十二』『隆光僧正《そうじょう》日記』)。

春海による天文密奏は、隆光とのチームプレーであったことがわかる。天変一般が問題になるのではなく、綱吉・后妃という将軍家に悪影響をあたえる天変が回避されなくてはならなかった。春海・隆光のチームプレーが機能して、天変を恐れていた綱吉の不安は解消される仕組みができていた。このような天文密奏は、綱吉の以前、以後の将軍に見られない例外的な事態であった。綱吉の特異性は、天変を恐れた点にあるのではなく、天皇のまわりで行っていた天

『天文瓊統』 春海が中国の天文書『天文大成管窺輯要』を参考にして書いた天文書。春海自作の星図も掲載されている。

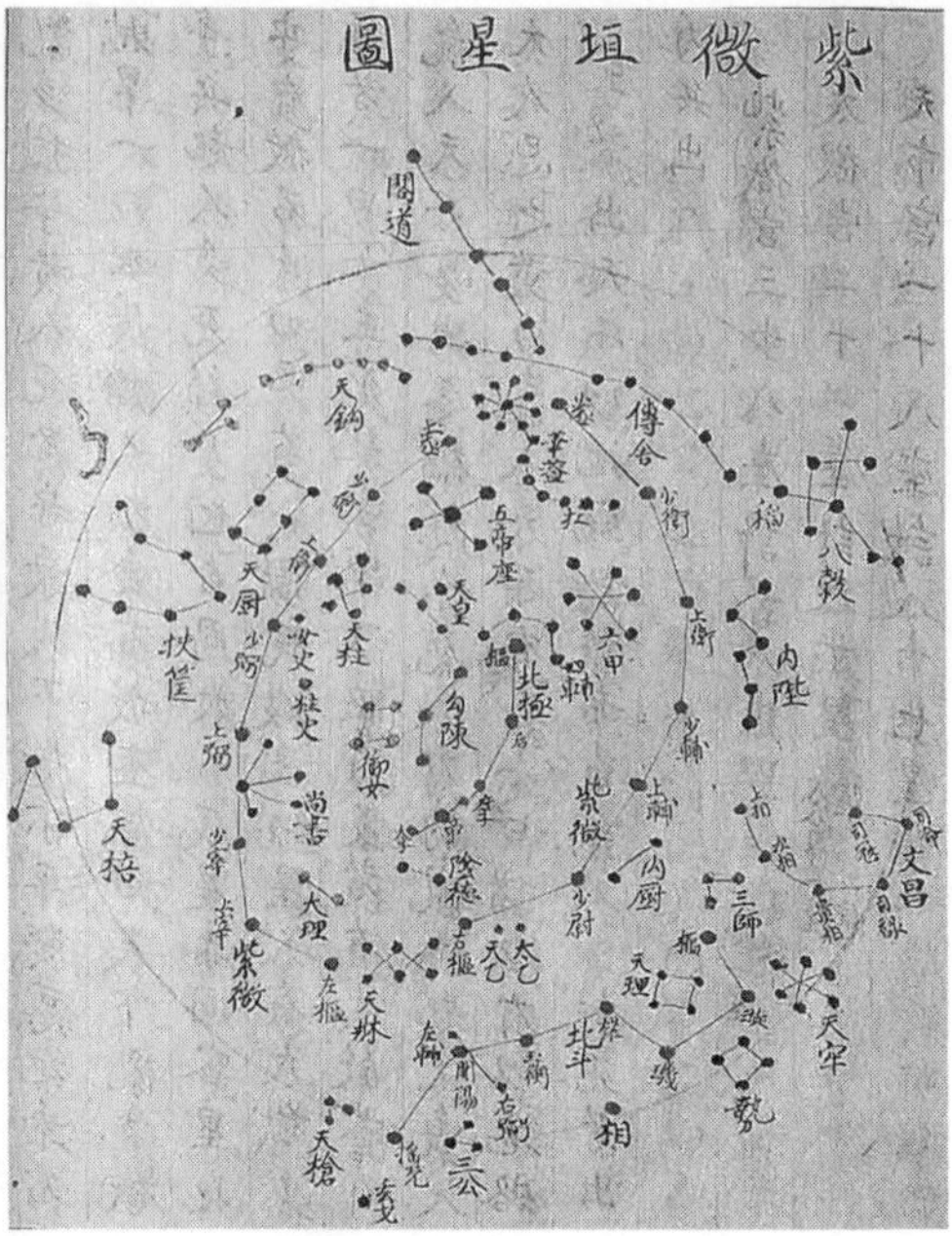

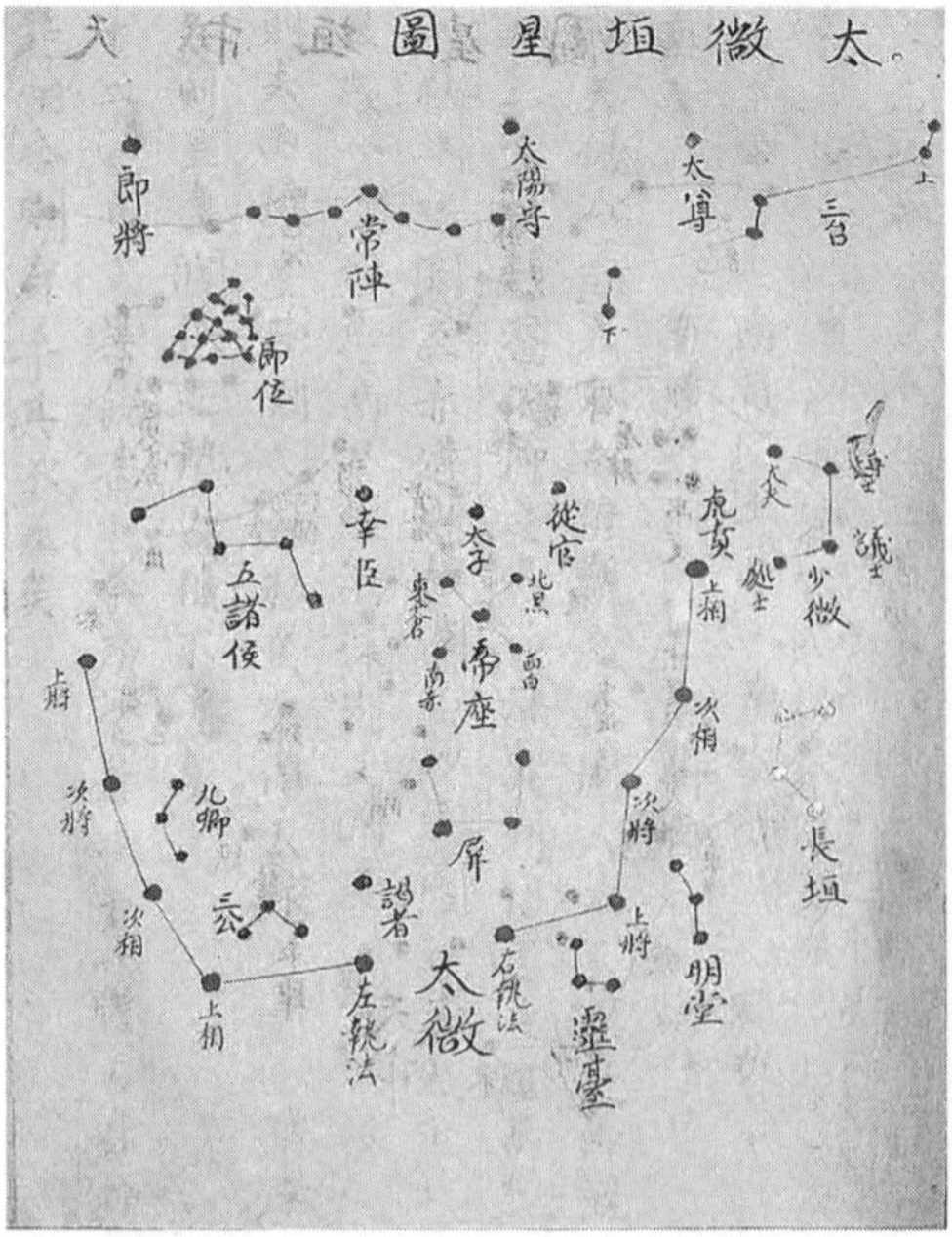

文密奏を模倣した点にあった。

春海には、天文占いをまとめた『天文瓊統《てんもんけいとう》』という著述がある。一六九八年に伊勢神宮に奉納されており、春海自身が、天文占いに関心をもっていたことを示している。天文占いの大部分は、中国の黄鼎《こうてい》編『天文大成管窺輯要《たいせいかんきしゅうよう》』からの孫引きであることが明らかにされている。春海が『天文瓊統』を書いた理由の一つが、綱吉のために天文密奏を行うためであった可能性はあろう。

天文暦術の社会的普及

貞享改暦は、天文暦術への関心を高めて、天文や暦の研究が社会に普及するきっかけとなった。個人として知的関心から天文暦術を学ぶ人もいれば、仙台《せんだい》藩・薩摩《さつま》藩のように藩をあげて天文暦術の修得をはかったところもあった。近世を通じて授時暦の研究書があいついで出版されたことや、西洋天文学の解説書であった『天経或問《てんけいわくもん》』が広く読まれたことなどを考えると、知識人の一般教養のなかに天文や暦という新分野が入り込んだ時代であったということはできる。和算が、あらたな知的遊戯として普及したことと似た状況があった。天文暦術の社会的普及に貢献したのは、貞享改暦であり、天文方としての春海の活動であった。

仙台藩は、早くから藩主の意向で天文暦術を学ぶ体制をつくろうとした。藩の勘定役《かんじょうやく》であった江志知辰《えしちしん》は、春海のもとで天文暦術を学んだ経験をもつ。知辰の弟子であった遠藤盛俊《えんどうもりとし》▲は、五代藩主伊達吉村《だてよしむら》の命によって春海のもとへ派遣され、貞享暦法を学んだ。盛俊は、すでに仙台において暦算家として研鑽を積んでいて、『昼夜長短之図』『二十四気七十二候』『九重渾天地儀』などの図儀を作成していた。春海は、盛俊の図儀の出来栄えが素晴らしいのを見て、その能力を絶賛した。

一七一五(正徳五)年四月に春海の長男昔尹《ひさただ》が病死し、十月には春海も亡くなる。春海は亡くなる前に盛俊を呼び、秘伝の家書・伝授を託し、「わが道を守り、人を選んで後世にわが道を伝えよ」と遺言し、土御門泰福から贈与された霊剣を授けた。春海は、最晩年の弟子である盛俊にすべてを託した。将来に渋川家に能力的にふさわしい人材があらわれた時に、盛俊が渋川家へ書物や伝授を返伝する約束となった。これは、盛俊が天文方の渋川家の後見人《こうけんにん》になること

▼**遠藤盛俊**　一六七二～一七三四。仙台藩主の命によって渋川春海の門下になり、藩の天文方になる。渋川家の秘伝を受け継ぐ。

を事実上意味していた。急遽昔尹の跡を継ぎ、三代目天文方になったのは、春海の甥にあたる敬尹《ひろただ》であった。敬尹もまた三一歳の若さで病死した。幕府が、敬尹の後継者に関して仙台藩に打診し、盛俊は、みずからの門下の仙台藩士入《いる》間川市十郎《まがわいちじゅうろう》(のちの渋川敬也《ひろなり》)を推挙した。敬也は、敬尹の養子になり、渋川家を継承した。敬也は、天文暦術について能力も卓越していた。盛俊による渋川家への返伝は、こうした形で実現された。しかし悲劇は再発し、敬也も若くして謎の死をとげた。

仙台藩の初代天文方になった盛俊は、仙台藩のなかで春海の学統を忠実に継承していくことを心がけた。彼や彼の門弟には、春海の直系の弟子であるという正統意識が強くあった。世襲ではなく、門弟のなかでもっとも優秀な人材に、正式な学統が伝授されていく方法がとられた。春海の生涯を描いた『春海先生実記』という書物は、敬也が述作したものである。おそらく渋川家に残っていた文書や盛俊から聞いたことが、情報源になっていたと思われる。盛俊、敬也二人の弟子にあたる佐竹義根《さたけよしね》が、『春海先生実記』の校正を行い、注を加え、跋文を書いた。春海の伝記をつくるという行為が、仙台藩の天文暦術者の正統意識を如実に物語っていた。敬也は「春水《しゅんすい》」という別名をもち、佐竹義根は「春山《しゅんざん》」と称するというように、仙台藩の天文暦術者は、春海の「春」の一字を継いだ。幕府天文方が、渋川家の血縁を優先したのとは異なって、師弟関係の系譜による正統性を主張した点に、仙台藩の天文暦術者の独自性があった。

盛俊・敬也・佐竹義根らが天文暦術の研鑽を積んだのは、仙台藩のためではなく、天下国家のためであった。天文方・土御門家が緊急事態に陥った時には、かわって造暦、改暦をなしとげるため仙台藩の天文暦術者は出動を待機していた。仙台藩には、実に多くの天文暦術の流派と人材がいたにもかかわらず、仙台藩として独自の暦を作成することにはつながらなかった。

仙台藩の天文暦術者が、春海の直系であるという正統性意識をもっていたのに対して、薩摩藩は独自の別世界をもっていた。鎌倉《かまくら》時代前期に活躍した島津氏の始祖島津《しまづ》忠久《ただひさ》の時代より、暦師がいて宣明《せんみょう》暦を使って暦をつくっていたと伝えられる。三代藩主島津綱貴《つなたか》の時に、貞享改暦があり、綱貴の命によって仁礼吉右衛門《にれきちえもん》▲が京都で土御門泰福に貞享暦を学び、春海のところで暦算を学んだ。吉右衛門は、節気・朔望《さくぼう》▲の推歩《すいほ》をならったが、七曜《しちよう》▲は詳しくなかった。一

▼**仁礼吉右衛門**　生没年不明。薩摩藩の暦官。土御門泰福に貞享暦法について教えを請うた。また渋川春海からは暦算を学び、春海から暦算を学んだことの証書を受けた。以後、改暦のたびに薩摩藩の暦官は土御門家と天文方に入門して、暦算を伝授された。

▼**朔望**　朔とは一日のこと。望とは十五日のこと。朔望月というと、朔から次の朔までの太陰月のこと。

▼**七曜**　日・月と五惑星(木・火・土・金・水)をあわせて七曜という。毎日の七曜の位置を示したものを七曜暦という。貞享改暦に際して渋川春海が七曜暦を復活した。

遠藤盛俊『昼夜長短之図』

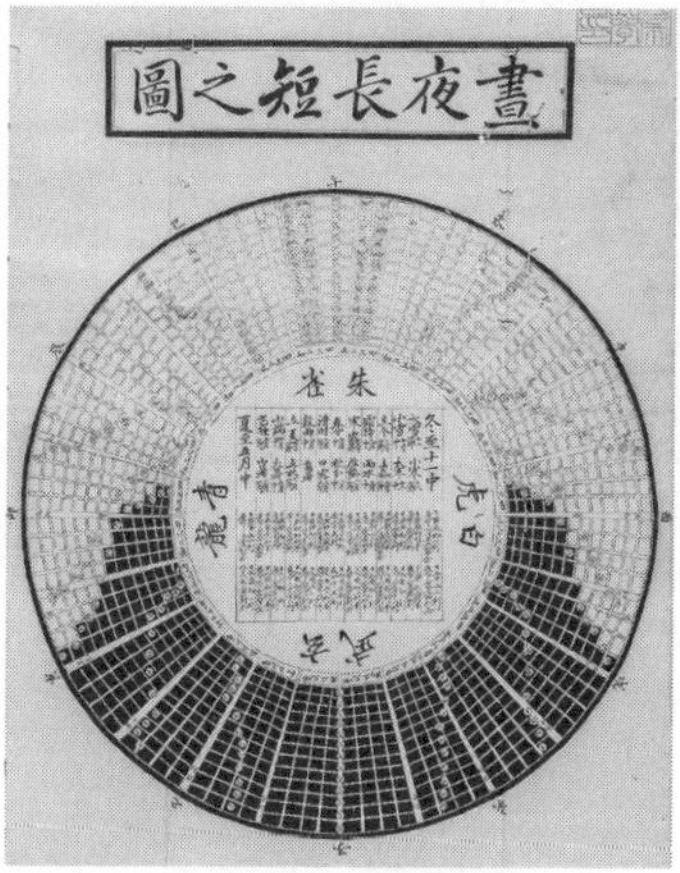

渋川家系図（＝は養子関係）

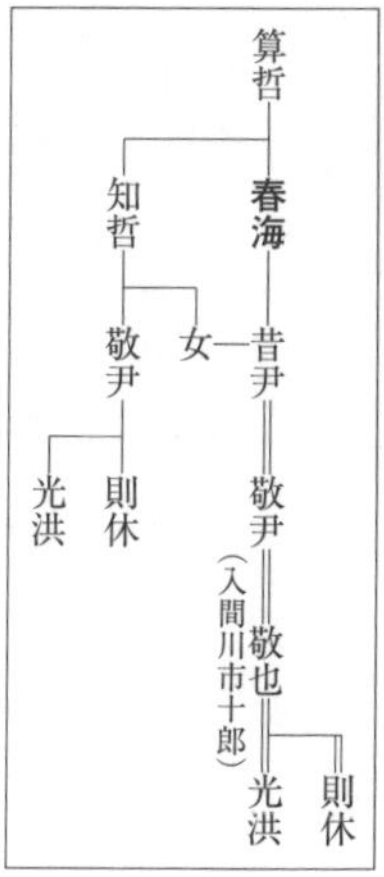

春海が設置した天文台

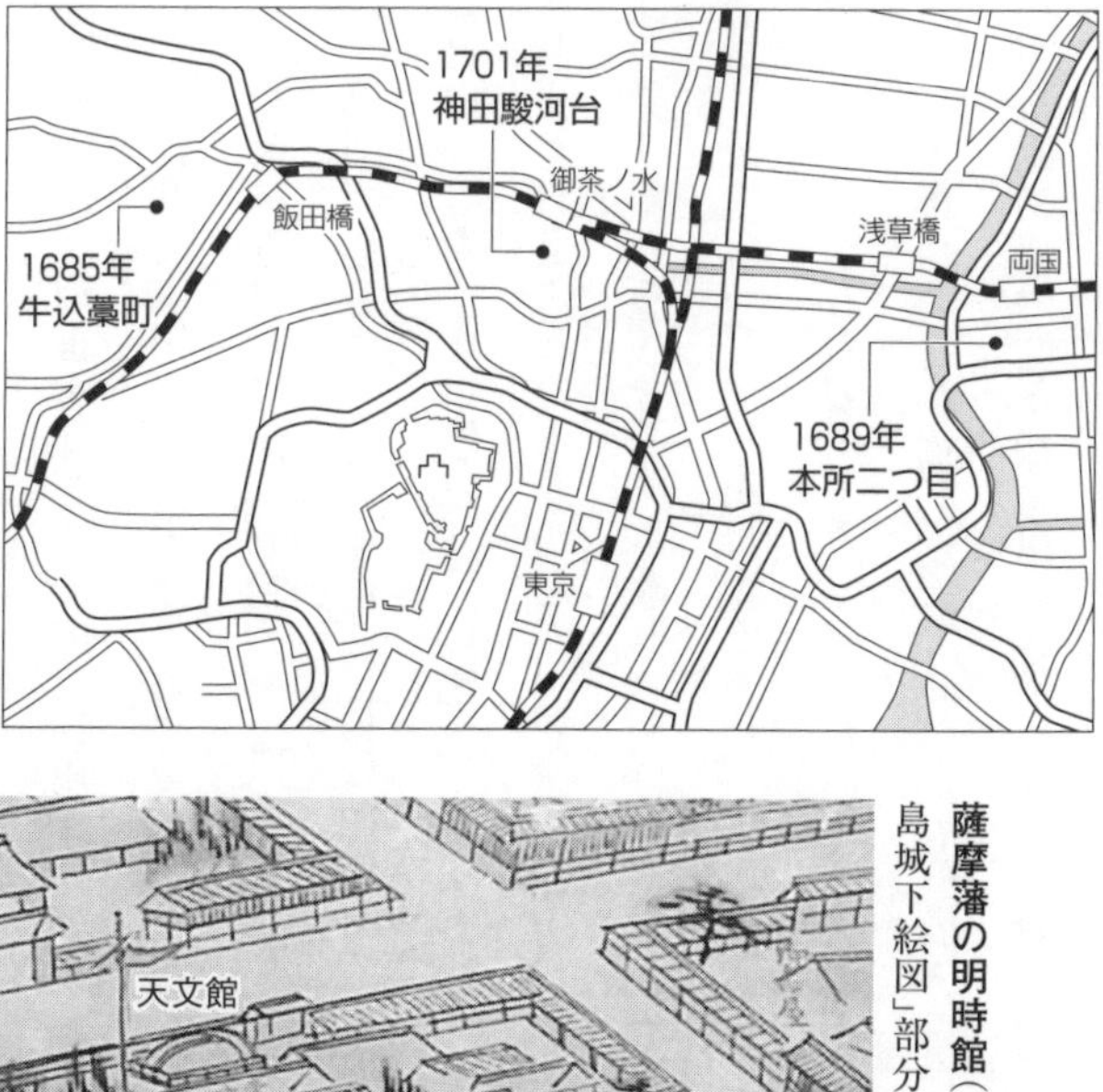

薩摩藩の明時館（天文館）（「天保年間鹿児島城下絵図」部分）

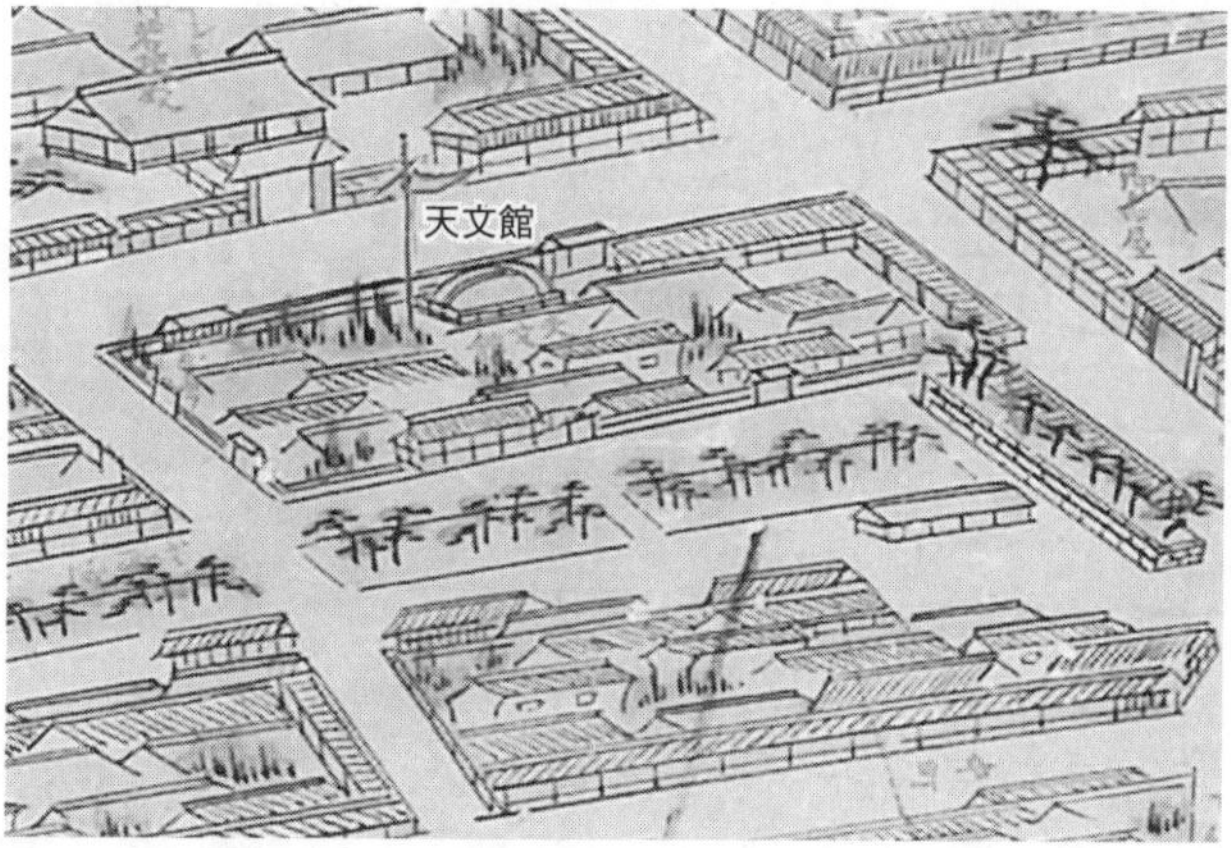

七〇二(元禄十五)年夏に綱貴が再度命じて、本田親貞《ほんだちかさだ》▲を春海のところへ派遣した。昼は、七曜を議論して、夜には星象《せいしょう》の運行を観測した。春海は親貞に里差を教え、観測地によって節気・刻限《こくげん》・日食の浅深が同じではないことを説いた。

薩摩藩では、近世を通じて藩内で通用する独自の暦が作成されて、頒布されていた。仁礼・本田が春海のところで暦算、暦術を学んだのも、そのためであった。なぜ薩摩藩だけが、独自の暦をつくることができたのか。その理由としては、遠国《おんごく》であることと、琉球《りゅうきゅう》貿易に関連して幕府から特例が認められていたことがあった。薩摩暦は、日の出・日の入りの時刻以外は、暦算の点で幕府の暦と変わるところはなかったが、記載の仕方、暦注の点で、中国の時憲暦の影響を受けていた。その後も改暦のたびに暦官が天文方へ派遣されて、新暦法を学ぶことになった。しかし薩摩暦は、広く流通していたわけではなく、藩の重役だけが使うものであった。藩主島津重豪《しげひで》▲の命令によって一七七九(安永《あんえい》八)年に、天文観測・暦編纂の施設として明時館《めいじかん》(天文館)がつくられて、水間良《みずまりょう》実《じつ》▲が明時館初代の暦正知官事《せいちかんじ》(館長)に任じられた。天体観測用のドームがつくられて、天文生が、ドームのなかで太陽の度数・星の転移などを計測し、暦の

▼本田親貞　生没年不明。仁礼吉右衛門の弟子であったが、渋川春海に貞享暦法を学びにいき、相《そう》伝《でん》の証書を受けた。春海は本田の能力を高く評価し、賞賛の辞を藩主島津綱貴に送った。

▼島津重豪　一七四五〜一八三三。近世後期の薩摩藩主。学問を好んで中国語・オランダ語をこなし、学術の振興・殖産興業《しょくさんこうぎょう》の政策につとめた。シーボルトとも親交があった。多彩な文化政策が、藩財政を破たんさせたともいわれる。

▼水間良実　?〜一七九五。薩摩藩の暦官。島津重豪の命で江戸に派遣されて、天文方佐々木文次《ささきぶんじ》郎《ろう》の門下となる。水間が官暦に書かれていない日食をあてたため、幕府は宝暦暦の修正を決断する。佐々木による宝暦暦修正を手伝う。明時館の初代館長となる。

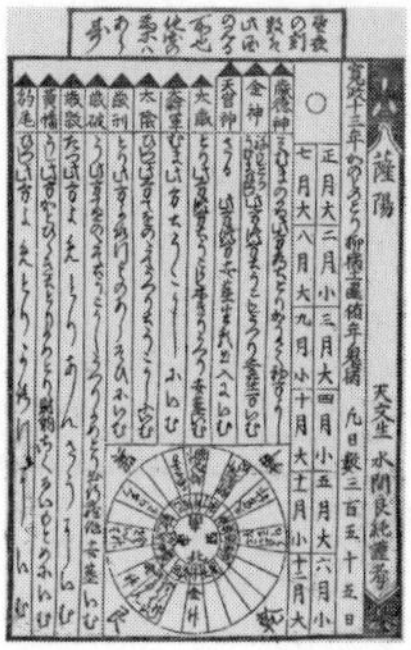
薩摩暦

計算を行った。薩摩藩は、造士館《ぞうしかん》・演武館《えんぶかん》・医学館を設立し、藩の教育、学術を向上させようとしたが、明時館設立もその一環であった。

　貞享改暦をきっかけにして、仙台藩・薩摩藩のような大藩では、天文暦術の専門家を自前で養成しようとした。藩による派遣ではなく、個人として春海に教えを受けた人もいた。谷秦山《たにしんざん》は神職であったが、土佐《とさ》に住みながら春海と書簡を交換して天文暦術を教わった。いわば通信教育による教育を受けていた。秦山は、山崎闇斎の門下であり、かつ春海の門下でもあることから、この二人から学んだこと、聞いた情報をよく記憶していて、『秦山集』を書いた。一七〇四(宝永《ほうえい》元)年には秦山は、江戸にいき、春海の邸宅に寝泊りしながら天文暦術を教わり、天文暦術の奥義を伝授された(『新蘆面命《しんろめんめい》』)。このように春海から個人的に天文暦術の教えを受けた人に、のちに暦博士になる幸徳井友親《ともちか》、垂加神《すいかしん》道《とう》家の跡部良顕《あとべよしあきら》などがいた。

⑤—春海と土御門泰福の交流

春海の書簡

つぎに晩年の春海が、土御門泰福《つちみかどやすとみ》に宛てた書簡を検討してみる。晩年の春海がおかれた環境、彼が何を考え、何に思いをめぐらせていたかを知る手掛りになる（「土御門泰福宛書簡」国立国会図書館蔵）。

晩年の春海のようすをうかがう資料は、『年譜《ねんぷ》』『春海先生実記《じっき》』を除くとあまり残ってはいない。この春海の土御門泰福宛ての書簡は、その意味で貴重である。書簡は、二四通からなり、六十〜七十代の春海が、泰福へ書いたものである。春海と泰福との交際は長く続き、書簡のやりとりも継続していたと思われる。二四通の書簡は、その一部であり、土御門家が特別な意味をこめて一括して保管していたと考えられる。

第一に、この書簡群のなかでもっとも話題になっているのは、土御門家の天《てん》社祭壇所《しゃさいだんしょ》・御殿《ごてん》・安倍晴明祭《あべのせいめいさい》▲のことである。一七〇四（宝永《ほうえい》元）年の段階で、春海は、一関藩主《いちのせきはんしゅ》田村建顕《たむらたつあき》▲に相談している（4、以下、数字は七九〜八一ページ表の

土御門家の系図

▼安倍晴明祭　晴明霊社祭ともいう。土御門家の記録によると、一一〇四（長治《ちょうじ》元）年の没後一〇〇年に行われ、それ以降一〇〇年ごと、五〇年ごとに継続して行われたという。近世には畿内《きない》の陰陽《おんみょう》師《じ》が神役奉仕者となって、土御門邸で大規模な祭祀《さいし》が行われた。晴明のゆかりの旧跡でも祭りが行われて、土御門家より代参が派遣された。

▼田村建顕　一六五六〜一七〇八。仙台藩一門・田村宗良《むねよし》の次男。陸奥岩沼《むついわぬま》藩二代藩主、一関藩初代藩主。学問にひいでて、綱吉に重用される。奥詰衆《おくづめしゅう》・奏者番《そうじゃばん》になった。赤穂《あこう》事件では浅野長矩《あさのながのり》が一関藩邸で切腹した（八七ページ参照）。

土御門泰福宛書簡

No.	年月日	年齢	内　　　容
1	1699～ 1702. 6 . 29	62～ 64	①尊書，贈答物へのお礼 ②唐暦より和朝暦は優れている ③日本紀の訓付けで教示を請う ④田村建顕の依頼(霊元院の一筆か)を伝える ⑤御拝領の菊鹿の切れを願う
2	1703. 2 . 12	65	①今年の七曜暦は幸徳井に渡した ②昨年渋川姓に変えるように仰せられた ③渋川家の由来について摂家がもっている情報を知らせてほしい
3	1704. 2 . 13	66	①田村，春海は雅楽をならう ②渋川家再興 ③『誠額前書来』を遣わされ感謝。夏中に写し返却 ④昨年の地震で幕府へ祈禱を申し上げた ⑤昨年儒者の貞享暦批判に応えた ⑥岡野井玄考を挨拶にいかせたい ⑦七曜暦には春海の名前はない。「無官のかなしさ」を訴える
4	1704. 8 . 5	66	①来年にはどうしても片づけたい ②田村は「伊達氏は三百回忌で和歌を手向けた」という ③11月朔日の日食のおりに祈禱するように幕府に申し上げた。京都では御祈禱命令はあったか ④昔尹が天球の下地を作成中 ⑤田村と謡を楽しむ
5	1704. 10. 18	66	①日食御祈禱を仰せられていることは他言しない。江戸では隆光が祈禱を行う ②絵を遣わすように仰せられて大慶 ③持明院基時の詠草について。勅筆か中院の筆かを承りたい。基時の歌仙が出たら写したいという者がいる
6	1704. 11. 18	66	①藤堂高睦に申し上げるには御思慮があるべき ②中院通躬が下向するので添削を希望 ③梨木が来るので神道を談じるつもり ④今度の月食が唐暦にはなく，貞享暦にあったことは大慶 ⑤祈禱を批判する人には安家流だと対抗
7	1705. 3	67	①泰福参向が首尾よくできたことを祝う ②宣明暦の計算法。周尺，秒尺について。保科正之からは40尺表を頼まれたができなかった ③儒仏は言葉でおさめるが，神道は言葉にいわずにお

No.	年月日	年齢	内容
			さめる
8	1705.閏4.25	67	①藤堂の件仰せ下されたら頼むつもり ②田村の話は見合わせる ③御先祖御屋敷の入手を期待 ④昔尹への海神祭伝授を感謝。五穀成熟祭，反閇伝授を願う。官階のことを願う
9	1705.8.5	67	①岡野井玄考がいくので対面をお願いしたい ②玄考は岡野井玄貞の養子で私の弟子
10	1705.9.1	67	①娘の婚礼について。挟箱を貸してほしい ②大経師に委託し版行暦とともに挟箱を届けてほしい
11	1705.10.1	67	①泰福による『中臣祓ノ儀解』発見を祝う ②和訓ができたので見てもらいたい ③岡野井玄考が挨拶にいくのでよろしくお願いしたい
12	1705.10.19	67	①隆光に依頼したが再度頼む ②中川三神主に太々神楽を献上したことは御奇特のこと ③会津から連絡，御知行所のことは来年夏中に口訣面受のおりに申し述べるつもり ④泰福の弟の太田藤九郎に会った ⑤娘の婚礼は11月になったが入用で困っている
13	1706.2.5	68	①反閇の沙汰を願う ②絵賛の儀はまた連絡する ③岡野井玄考へ扇子を遣わされ感謝 ④殿下が参向し私を褒めてくれたことに感謝
14	1706.10.9	68	①尊書を拝見 ②9月15日の地震のこと ③9月望日の月食が密合し大慶
15	1707.1.3	69	①用人に合点してもらうのはむずかしい。隆光と土御門家の使者がともにいき，藤堂高睦に申し入れるべき ②会津の使者が来るが，当月末に京都に参上する。4月に参勤があるおりに口訣面受をお願いしたい ③旧地裡だと容易だが，それ以外を所望するのはむずかしい
16	1707.3.13	69	①小泉玄蕃より尊書を受け取る ②松平正容は「諸事簡略の時節で相談にのれない」という ③松平は宇賀祭の伝授を望む ④秋元喬知より音信が来る

No.	年月日	年齢	内容
			⑤真田信音より返信があった。詳しいことは玄蕃に聞いてほしい
17	1707. 5.10	69	①来年の3月23日の安倍晴明祭のこと。今から藤堂高睦に頼むと用人が納得しない。神供備などは軽微にしたほうが藤堂は手伝いやすい ②暦書はあとで差し上げる
18	1707. 5.21	69	①隆光に会った。内々に藤堂高睦に相談したこと。藤堂は「有名人の旧跡なのでたやすべきではない」と述べて，用人衆も「たえないようにするが，領をつけることはむずかしい」といった。 ②6月に使者を遣わす時に隆光に礼状を遣わしてほしい
19	1709. 3.16	71	①泰連の参向を待っていたので残念 ②家宣将軍宣下について4月か5月かとの風聞 ③日食 ④宝勝院の下向 ⑤筑前高祖大明神の神号授与について。結構な神で問題はない
20	1709. 6晦	71	①泰連が首尾よくできたことは大慶 ②東山の名物一種饌をいただきたい ③松平正容の家来が，筑前高祖大明神の件で頼みに来た ④秋元喬知の上京のことを聞いた
21	1711	73	①自分の中気の病のこと。養生のために息子が交替 ②9月1日登城したが，松平輝貞に早退するように指示される。9月13日に能を見る。9月17日に登城。病は回復した
22	1712. 4.21	74	①天社祭壇所が首尾よく新御殿へ遷座できたことを喜ぶ ②松平正容が私宅に来たのでお礼を申した。泰連より祓御書写を遣わされたことを喜ぶ ③神殿の重宝物について聞かせてほしい ④天象についてのお尋ねで昔尹が召された
23	1715. 7. 2	77	①6月26日に家督が敬尹に仰せつけられた ②神拝の扇子をいただきたい
24	1715. 8. 6	77	①神拝の扇子のお礼 ②七曜は4人の門弟が作成

No.に対応)。田村は、伊達《だて》政宗《まさむね》の三百回忌の先例を語った。春海が、御先祖御屋敷に言及している点(8)、安倍晴明祭を行う計画が記されている点(17)をみていくと、泰福は、天社祭壇所・御殿とともに安倍晴明祭を企画していたことがわかる。泰福は、晴明七百年祭を計画し、それにあわせて天社祭壇所・御殿を建立《こんりゅう》し、春海をとおして幕府《ばくふ》の許可をえようとした。泰福に依頼された春海は、交渉のために奔走し、田村、隆光《りゅうこう》に会った(12・15・18)。18においては、隆光が伊勢《いせ》国津《つ》藩主藤堂高睦《とうどうたかちか》▲へ相談し、藤堂が「有名人の旧跡をたやすべきではない」といったことで、用人衆《ようにんしゅう》もそれを追認したが、「領をつけることはむずかしい」と述べたと記されている。

ここに出る用人とは、藤堂が仕えていた柳沢吉保《やなぎさわよしやす》▲と考えられる。春海は、藤堂との直接のつながりはなかったようで、必ず隆光が窓口になって藤堂に交渉し、藤堂から柳沢へと上申された。その後、藤堂は一七〇八(宝永五)年に四二歳で死去し、柳沢は家宣《いえのぶ》が将軍になった〇九(同六)年に隠退した。春海にとって藤堂とのパイプが消えたが、保科正之《ほしなまさゆき》の六男で会津《あいづ》藩主となった松平正容《まつだいらまさかた》の尽力と一五〇両の献金によって祭壇所造替が始まった(『泰福卿記』宝永五年正

藤堂高睦

▼**藤堂高睦**　一六六七〜一七〇八。伊勢国津藩四代藩主。兄高久は柳沢吉保にあまりに接近したため「柳沢家の玄関番」と皮肉られたが、高睦も柳沢とのパイプを大切にした。柳沢の次男を藤堂家の養子に迎え入れる計画もあったが、藩士の反対にあい破談になった。

▼**柳沢吉保**　一六五八〜一七一四。父安忠《やすただ》は館林《たてばやし》藩主の徳川綱吉に仕えた。綱吉が将軍になると吉保は幕臣《ばくしん》に加えられ、将軍の寵愛が深かったために昇進が早く側《そば》用人《ようにん》となる。評定《ひょうじょう》の席に出座し、老中《ろうじゅう》よりも上格になる。

柳沢吉保

晴明神社(京都市)

月十七日)。そしてついに天社祭壇所の新御殿への遷座《せんざ》が実施された(22)。

17にあった安倍晴明祭は、どうなったのか。もしそのような重要なイベントが実施されていれば、二人の書簡で話題になって然るべきである。しかし、そのような記載はない。この祭は計画されたが、実際には実施されなかったと考えるべきである。

のちの一七五四(宝暦《ほうれき》四)年に七百五十年回忌の安倍晴明祭が、晴明霊社祭《れいしゃさい》として大々的に開催されたことは、史料上確認されている。この時には土御門邸宅だけではなく、晴明にかかわる史蹟とされた大和《やまと》国安倍文殊院《あべもんじゅいん》・泉州信太《せんしゅうしのだ》大明神・葭屋町《よしやちょう》晴明社《せいめいしゃ》(現在の晴明神社)・嵯峨寿寧院《さがじゅねいいん》でも祭祀と法会が行われた。すなわち晴明の史蹟と土御門家とを結びつける華々しいイベントが開催されたのである。晴明にかかわる史蹟の復興は、泰福の時期に計画されていたが、幕府の許可をえることができずに実行できなかったと思われる。泰福のプランは、息子である泰邦《やすくに》の時代へ先送りされ、一七五四年の晴明霊社祭として結実した。泰邦は、土御門家の家声を興こすために、父泰福が企画した安倍晴明祭を実行したのであった。

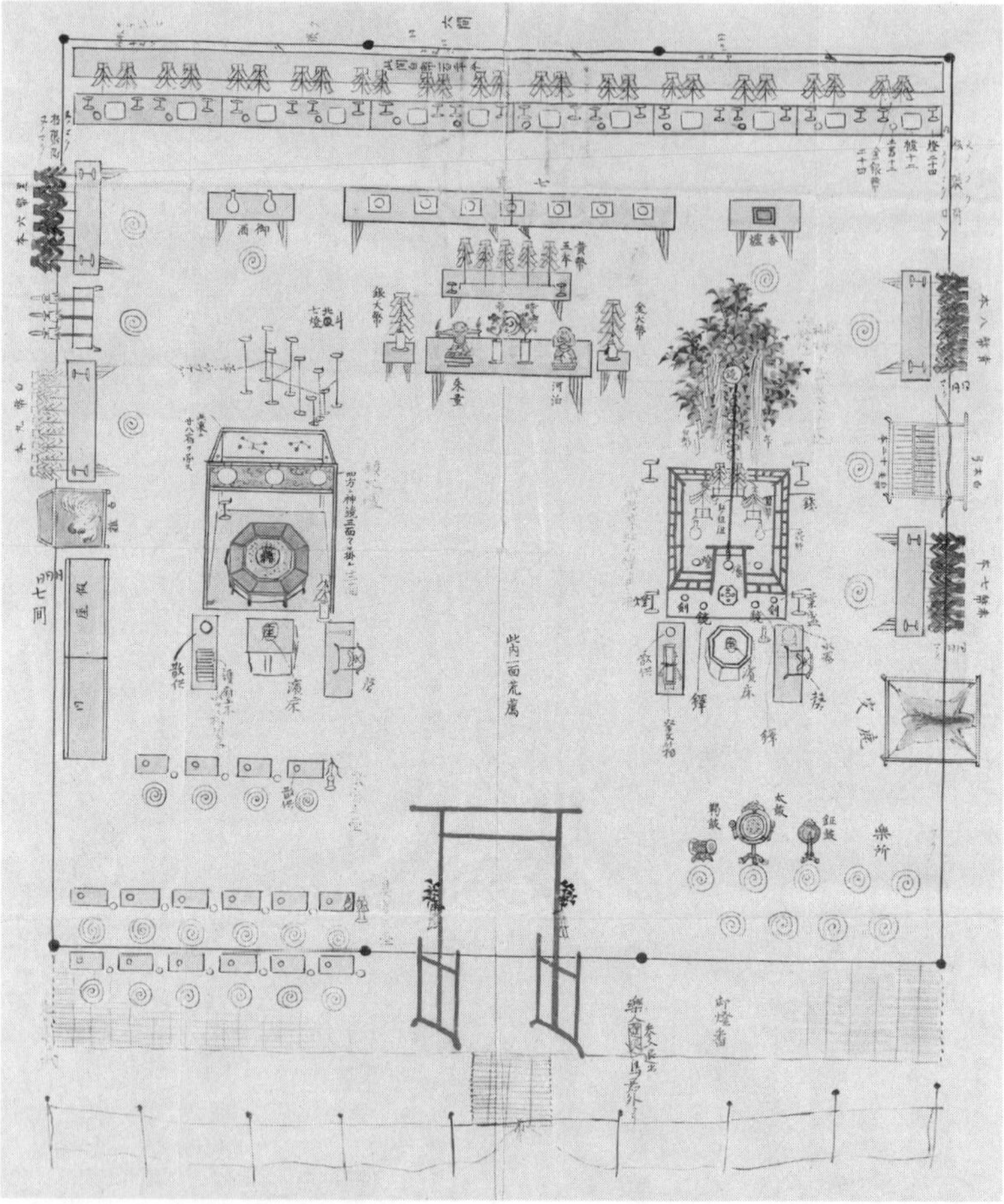

八百五十年晴明霊社祭祭場図

大和国安倍文殊院

安倍晴明像（安倍文殊院蔵）

嵯峨にある安倍晴明墓所

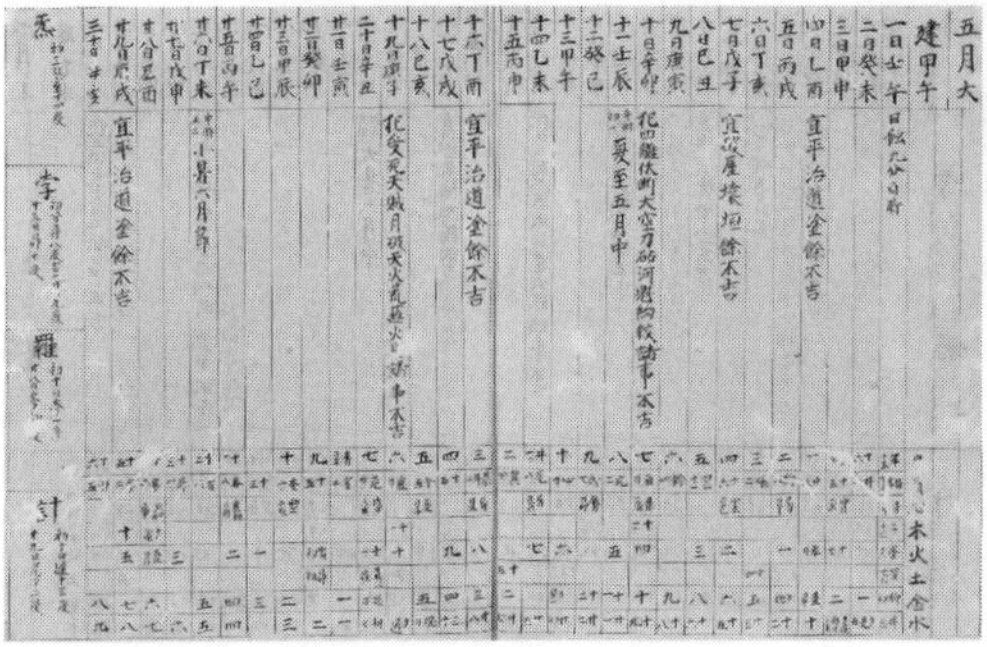
渋川春海『七曜暦』

第二に、春海も渋川家を再興する使命をおっていた。書簡のなかで春海は、官位《かんい》がほしいことを泰福にもらしている(8)。七曜暦《しちようれき》を作成しても、作者として幸徳井《こうとくい》の名前のみが掲載され「無官のかなしさ」を春海はなげき(3)、泰福の「御思案」をうけたまわりたいとも訴えた。一六九九(元禄《げんろく》十二)年に春海は、寺《じ》社奉行《しゃぶぎょう》宛てに官位を請う願書を書いた。そこでは、土御門家の執奏《しっそう》によって受領を願っていることを述べ、幕府からも働きかけをしてほしいと願い出た。春海は、官位がないために幸徳井家の「手代《てだい》」のように扱われている現状に不満をもらし、先祖は官位を有した家柄であったことを主張した。天文方《てんもんかた》は、春海から長男の昔尹《ひさただ》に譲られた。昔尹は、天文暦術にも明るく、星図《せいず》・天球を作成することもできた(4)。ところが期待の昔尹が、春海よりも先に逝去した。やむなく甥の敬尹《ひろただ》が、昔尹の後継者となって、渋川家を継ぐことになった(23)。敬尹に暦算の技能は期待できなかったようである。先述したように、春海は晩年の弟子であった遠藤盛俊《えんどうもりとし》に道具や伝授を託し、渋川家に有為な人材があらわれた時に返伝するように頼んだ。

第三に、天社神道《てんしゃしんとう》にかかわる情報が交換されている。昔尹や会津藩主松平正容▲は、土御門泰福から天社神道の祭式の伝授を切望していた。春海は、天社神道の門人となっており、昔尹も門人になろうとした。昔尹は、海神《かいじん》祭、五穀《ごこく》成熟《じょうじゅく》祭、反閇《へんばい》などの伝授を願った(8)。正容は、泰福に宇賀《うが》祭▲の伝授を願っていた(16)。そのことについては、『泰福卿記』に対応する記事があり、正容はすべての宇賀祭の伝授を受けたいと希望している。泰福は、家のために少し残しておきたいという気持ちと、家のためには伝授をして正容との良好な関係を維持したいという思いにゆれていた(『泰福卿記』宝永二〈一七〇五〉年)。春海は、『日本書紀《にほんしょき》』の訓読みをつけており(1・11)、それを泰福に見てもらいたいと願っていた。松平正容は、筑前高祖大明神《ちくぜんこうそだいみょうじん》の神号《しんごう》授与を、春海を通じて泰福へ依頼した(19・20)。春海は、筑前高祖大明神のことを調べて、泰福に報告している。このように天社神道が、春海と泰福とを結びつける絆になっていた。

第四に、天文・暦について。儒者《じゅしゃ》の貞享暦《じょうきょうれき》批判(3)、日食《にっしょく》の際の祈禱《きとう》(4・5)、測量の尺表(7)、日食・月食《げっしょく》があたるかどうかなどが、話題にあがっている。春海のほうから、天文・暦の話題が提供されているが、泰福のほうから天文・暦に関して話が出ることはなかった。貞享暦が作成されて、毎年の暦づ

松平正容

▼**松平正容**　一六六九〜一七三一。保科正之の六男。兄正経《まさつね》の養子となって家督《かとく》を継ぐ。会津藩三代藩主。松平姓・葵紋所《あおいのもんどころ》の使用を許された。吉川惟足に傾倒し門下となった。徳川吉宗《よしむね》・徳川家重《いえしげ》の理髪を行った。

▼**宇賀祭**　宇賀神《うがじん》祭のこと。宇賀神は中世以降に信仰され、弁才《べんざい》天《てん》と習合《しゅうごう》してさまざまな教説が生まれた。福財をもたらす神としても信仰された。宇賀神は吉田《よしだ》神道に受容されて、土御門家も吉田神道をとおして宇賀神祭を導入したと思われる。

田村建顕

くりのシステムが確立しており、土御門家が造暦に直接かかわることはなかったことによると思われる。春海は、貞享暦の日食・月食があたるかどうかをつねに気にかけていたことがわかる。日食・月食がはずれた時には、春海や貞享暦に対する疑念や批判がいつでも起こりかねなかったからであろう。

第五に、春海や彼のまわりの人たちのあいだでは、公家《くげ》文化に憧れる風潮があった。田村建顕が絵を入手し、そこに霊元院《れいげんいん》による賛《さん》を書いてもらいたいと切望した(1・5・13)。その意向は、春海から泰福へと伝えられ、話題になっている。また春海が、泰福から贈られた持明院基時《じみょういんもととき》の詠草について、筆者が誰なのかを尋ねていること(5)、中院通躬《なかのいんみちみ》が江戸《えど》に来ることを聞き、和歌《わか》の添削を願っていること(6)、田村とともに雅楽《ががく》や謡《うたい》に励んでいたことなどにも、公家文化への憧れがあらわれていた(3・4)。泰福が拝領した菊鹿《きくか》の切れをほしがり(1)、娘の婚礼で土御門家がもつ挟箱《はさみばこ》を借りたいと申し出るなど(10)、公家の日常生活にふれていたいという思いが春海には強かった。春海の諱名《いみな》である「都翁《つつじ》」は、江戸にいても京都のことばかりを話す人という意味に由来していた。しかし公家文化を憧憬する風潮は、春海だけのものではなく、綱吉《つなよし》政権下の武家《ぶけ》に広くおよんでいた。

以上、五点にわたって書簡の内容をみてきたが、二人はもともと山崎闇斎《やまざきあんさい》門下であった。闇斎のところで知り合った二人は、貞享暦の作成の過程で親密な関係を築いた。泰福は、春海から天文暦術や測量をならい、春海は、天社神道の門人となり、祭式を伝授された。二人の関係は、たがいが得意としていた技能・知識を学びあう互恵的な関係であった。しかし書簡をみると、たがいに学びあう関係ではなくなり、たがいの人脈を利用する関係に変化したことがわかる。泰福にとって春海は、幕府の中枢と交渉する窓口であった。安倍晴明祭の実施、天社祭壇所・新御殿の建設は、幕府の許可があってはじめて遂行されるものであった。春海には、有力な大名《だいみょう》の知合い以外に、天文密奏《みっそう》を通じて懇意になった隆光とのパイプがあった。春海と泰福のあいだには、天社神道・天文暦術・公家文化などと共通する話題に事欠かなかった。そのうえで二人は協力して、たがいの人脈を活用しあって、みずからの家の確立につとめた。それは、泰福にとって陰陽道宗家《おんみょうどうそうけ》としての土御門家の確立であり、春海にとって有職家である渋川家の復興であった。

渋川家の復興

　晩年の春海にとっての最大の課題は、渋川家の復興にあった。それは、春海と長男の昔尹の悲願であったといってよい。官位は、渋川家の社会的地位を対外的にアピールできる象徴であった。それゆえに春海は官位取得に固執した。

　春海は、名前にもこだわった。当初は、父の名前を継承して「安井算哲《やすいさんてつ》」を名乗る。一六七七(延宝《えんぽう》五)年に春海は「安井」から「保井」に改姓をした。一六八〇(延宝八)年に春海は、山崎闇斎と福住道祐《ふくずみどうゆう》老師を通じて安井久兵衛《きゅうべえ》へ保井家の系譜について問合せを行った。一六九〇(元禄三)年になると、「順正《のぶまさ》」と改めた。春海の祖父が「宗順《むねのぶ》」で、曽祖父が「定正《さだまさ》」とあるので、そこから名をつくったと考えられる。一六九二(元禄五)年に「助左衛門《すけざえもん》」と名乗る。「助左衛門」は、高祖父の定継《さだつぐ》の別名であった。このように春海は、どんどん安井家の系譜をさかのぼって、古い別名をさがしていく。これ以降は、書簡では「保井助左衛門」と自筆している。一七〇二(元禄十五)年に、先祖の名前であった「渋川」に改めて、「渋川助左衛門」を称す。このように春海の姓、名へのこだわりは、尋常ではなかった。

春海は、囲碁《いご》の家である安井家とは別に、あらたな家の確立につとめた。それは、渋川家の復興という形をとった。一六九二年には、綱吉から剃髪を束髪とするように命ぜられた。それ以前は、碁方《ごかた》は慣例として剃髪であった。一六九一(元禄四)年に林鳳岡《はやしほうこう》は、綱吉の命令によって剃髪から束髪になり、儒者は束髪を義務づけられた。春海の束髪も、その延長線上にあったと思われる。綱吉は、儒者や才芸のある者に対して束髪にするように命じたのであった。

春海は、囲碁の家としての安井家ではなく、それ以前のルーツを探し出そうとしていた。彼は父の世代ではなく、曽祖父の世代、さらに前の世代にさかのぼり、そこに本来の家を見出そうとした。そこで春海が見出した渋川家は、武家であった。それも単なる武家ではなく、有職《ゆうそく》の武家であった。有職の家の復興は、春海の個人的な趣向を超えたものであった。春海は、谷秦山《たにしんざん》にこのように話した。

> 予は、昔尹に有職を学ばせた。予が五代前は、助左衛門定継であり、はじめて安井氏と称した。定継より以前は、みな渋川氏と称して、公家方の有職者であった。小笠原《おがさわら》・伊勢・一色《いっしき》などと相ならんで八家の一つであった。

しかしわが家は有職の家伝を失った。(『秦山集』二十)

渋川家は、公家に仕えた有職を家職とする武家であった。有職とは、故実《こじつ》法式のみをさすように一般に思われているが、春海によると、そうではなく政治や宗教をも含む全般的な学知の体系であった。春海にとっては、天社神道も天文暦術もこの有職に含まれるものだった。土御門家・幸徳井家という公家に仕える春海こそが、公家に仕えた有職の祖先を継承し、失われた有職の家を復興するのにふさわしい者だと自負していた。

昔尹が、『渋川満貞《みつさだ》家法《かほう》一巻』をみつけた時には、春海は喜び、「今まさに氏《し》族《ぞく》再興の時である。たちまちにこの家法一冊をえた。これこそ神慮《しんりょ》である」と叫んだ。ところが一七一五(正徳《しょうとく》五)年に、跡継ぎの昔尹が死去する。春海の悲嘆は、いかばかりであったであろうか。渋川家復興を二人三脚で行ってきた昔尹の死は、致命的な打撃であった。

春海にとって有職は、どのような意味があったか。天文暦術も、有職の一つであった。谷秦山が、春海に入門し暦術の伝授を受けた時には、時刻制度・観測儀器・天文現象・暦とともに歴史・神道を学び、土守《つつもり》神道▲の奥義《おうぎ》であった日

▼**土守神道**　渋川春海が創始した神道。土御門泰福の天社神道を継承したもの。春海・昔尹にとって家の復興と天社神道の伝授を受けることは不可分なことであった。

月食の日時の推算方法を伝授され、その後に神道免許があたえられた。秦山は、書簡で教えを受けていたが、面授のために江戸の春海邸に出向き、そこで寝泊まりした。ともに『貞享暦書』を読み、消長法・推歩《すいほ》の復習をし、春海著作の『瓊矛拾遺《ぬほこしゅうい》』を読んだ。秦山の場合をみると、春海は、食の現象や地方時刻を求める技術的面と、神道の面とを融合させ、神道免許によって天文暦術の奥義を理解させるという教育方法を採用していた。春海・昔尹親子による有職家としての渋川家復興は、天文暦術の家の確立を意味していた。天社神道の世界と天文暦術を融合させて、新たな有職の家として渋川家が確立するはずであった。

復古主義の時代

貞享改暦の時代的な背景に、復古《ふっこ》主義の思潮があったことを筆者は指摘したが、それは日本の歴史上ではじめて登場した「儒教的神国《じゅきょうてきしんこく》」のヴィジョンを基盤にしていた。吉川惟足《よしかわこれたる》、山崎闇斎は、「儒教的神国」の思想的な内実をつくったイデオローグであった。そうした時代思潮のなかで、改暦が保科正之によって発議された。惟足、闇斎、そして正之が『日本書紀』神代巻《じんだいのまき》を尊んだのは、復古すべき政治の理想が神代にあると深く信じていたからであった。春海もまた、そうした復古主義の信念を生き抜いた人であった。

貞享改暦と『日本長暦《ちょうれき》』はセットであった。貞享暦は、授時《じゅじ》暦をベースにしながらも、暦元《れきげん》を貞享元(一六八四)年として測量地は京都にして修正されたものであった。その点では貞享暦は、長くあった宣明《せんみょう》暦の時代を終わらせた「ポスト中国暦」の先駆けとなった。『日本長暦』は、神武《じんむ》天皇に始まる「失われた古暦法」を復元して、二三〇〇余年の全月の朔日の干支《えと》、月の大小を計算して表にしたものであった。古暦法と貞享暦法が、同時に立ち上げられ、共鳴しあい、二つの暦法のあいだにあった、長く続いた中国暦受容の歴史は、後景に押しやられた。日本は、もともと中国文明から自立した独自性をもち、『日本書紀』神代巻に復古すべき理想があると語る知識人があらわれた。暦が、「観象授時《かんしょうじゅじ》」という政治思想と密接につながっていることをよく弁えていた闇斎のような人にとって、貞享改暦と『日本長暦』は、日本国が始まって以来の快挙であった。反対に、中国文明こそ真理の普遍的な基準だと考える人の眼には、大統《だいとう》暦・時《じ》憲《けん》暦の受容を拒絶し、春海一人の暦算によって作成された貞享暦は、頼りない、

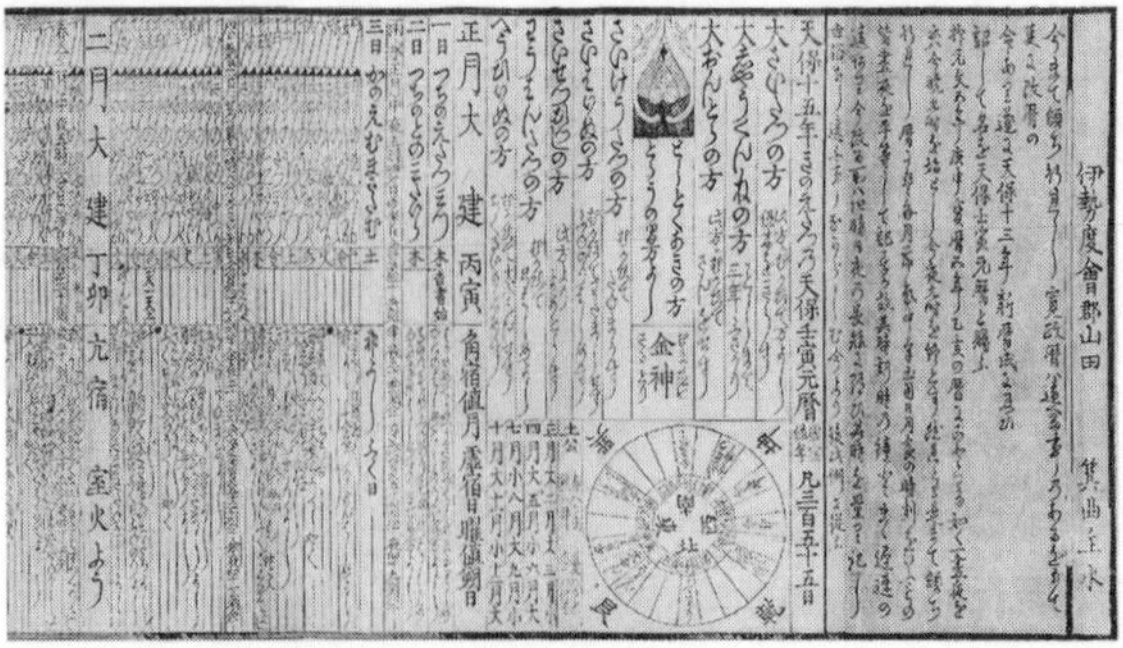

天保暦

あやしい、未熟なものに映った。

　貞享改暦を担った春海・正之・闇斎は、復古主義の政治思想を強くもっていた。「中国暦をそのまま受容することは、中国の属国になることを意味する屈辱だ」(『春海先生実記』)と気炎を吐いた春海は、暦にまつわるポリティクスを冷静に観察していた。「中国暦を受容することは、中国の属国になることだ」という認識を再生産していたのは、朝貢《ちょうこう》外交の中心にあった中国文明そのものであった。暦元を貞享元年においた新暦を「貞享暦」と名づけたことは、中国文明からの離脱を一歩進める象徴的な行為であった。もしあの時に春海が口状書《こうじょうしょ》をもって一条兼輝《いちじょうかねてる》に頑固に抵抗することをしなかったならば、宣明暦の次の新暦は大統暦となったかもしれない。

　復古主義の信念は、春海・正之・闇斎などの改暦を押し進めた人びとの、改暦への内発的動機づけを与え続けたが、いったん改暦が行われ、造暦と頒暦のシステムが自律的に作動するようになれば、思想の内発的動機づけなど必要ではなくなる。貞享暦以降の改暦は、ひたすら精度をめぐって争われることになるだろう。

▼**太陽暦**　現行の太陽暦とはグレゴリオ暦のこと。日本は一八七三(明治六)年に太陽暦を採用した。しかし人びとは長く使っていた太陰太陽暦に慣れていたので、すぐに切り替えることはできなかった。そのために明治期の官暦には太陰太陽暦の日付も掲載された。

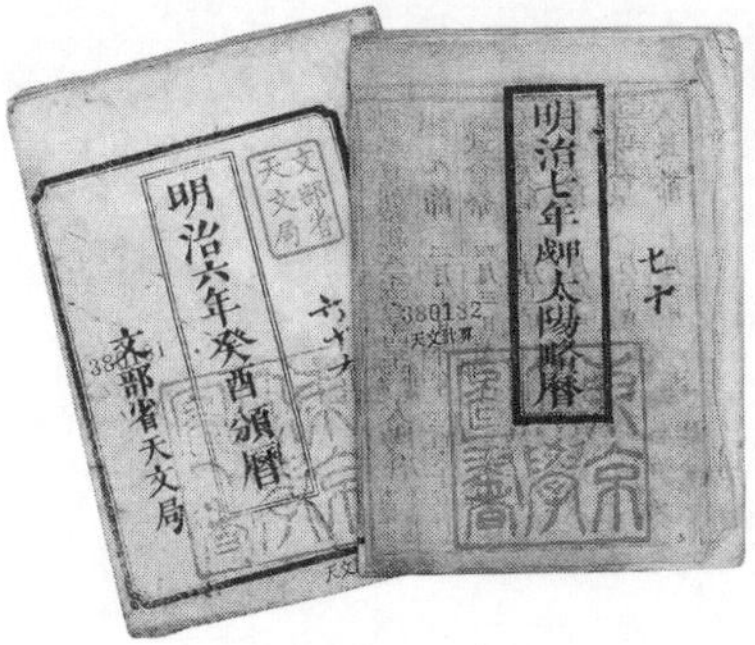

太陽暦

日本の年号《ねんごう》によって暦を呼称するという、春海が提案し兼輝が承諾したやり方は、宝暦《ほうりゃく》暦、寛政《かんせい》暦、天保《てんぽう》暦にも踏襲された。多くの日本人は、日本の年号のついた暦を使いながら、暦が元来は中国文明に由来するものであることを意識せずに、生活の道具として便利に暦を使いこなすようになった。一八七三(明治六)年に明治政府が太陽暦▲を採用して、最後の太陰《たいいん》太陽暦となった天保暦は、「旧暦」と呼ばれ、文明開化《ぶんめいかいか》の時代には旧弊や迷信として斥けられることが多かった。しかし近年ではかつての日本人がもっていた季節感の豊かな暦として、旧暦が再評価されることもある。近世の暦が外来の文化ではなく日本の文化として自然に受容された淵源《えんげん》に、春海の復古主義の信念があったことを、われわれは記憶の片隅に置き忘れている。

山口和夫『近世日本政治史と朝廷』吉川弘文館, 2017年
歴史読本編集部編『歴史読本 知っておきたい旧暦の楽しみ方』新人物往来社, 2012年
渡辺敏夫『近世日本天文学史(上)(下)』恒星社厚生閣, 1986〜87年
和田光俊・林淳「渋川春海年譜」『神道宗教』184・185, 2002年
和田光俊「享保期における改暦の試みと西洋天文学の導入」『一八世紀日本の文化状況と国際環境』思文閣出版, 2011年

写真所蔵・提供者一覧(敬称略, 五十音順)

安倍文殊院　p. 84下左・右
一般財団法人高樹会蔵・射水市新湊博物館保管　p. 25右
圓光寺　p. 33上左
鹿児島市立美術館　p. 75下
京都府立京都学・歴彩館　p. 84上
宮内庁書陵部　p. 38上, 77
宮内庁書陵部・国文学研究資料館　p. 68
公益財団法人陽明文庫　p. 44, 50下
神戸市立博物館・Kobe City Museum/DNPartcom　p. 26上右
国立公文書館　p. 35, 37右, 45, 60
国立国会図書館　p. 36, 53左, 56, 63右, 67
国立中央博物館(韓国)　カバー表
国立天文台　p. 25左, 26上左, 26下, 27右・左, 31, 33下, 51, 59, 85左, 94, 95
護国寺　p. 66左
史跡足利学校　p. 53右
祥雲寺　p. 87
神宮徴古館　カバー裏下, p. 32
神宮文庫　p. 38下, 63左, 70
東京大学史料編纂所所蔵謄写本　p. 50上
藤堂家蔵・三重県提供　p. 82
東北大学附属図書館　p. 46, 75上右
徳川美術館蔵・©徳川美術館イメージアーカイブ/DNPartcom　p. 66右
冨田良雄　p. 33上右・中右
西尾市岩瀬文庫　p. 55
日光東照宮宝物館　カバー裏上
梅林寺　p. 33中左
土津神社蔵・福島県立博物館寄託　p. 13, 20
土津神社蔵・福島県立博物館提供　p. 86
土津神社・福島県観光復興推進委員会提供　p. 21
福島県立博物館　p. 16
御寺泉涌寺　p. 37左
ユニフォトプレス　p. 4右
立命館大学アート・リサーチセンター(arcUP4543)　p. 58
和歌山県立博物館　p. 19
PPS　p. 2, 3, 22, 23
個人蔵・大阪市立科学館　扉
個人蔵・公益財団法人柳沢文庫提供　p. 83右
個人蔵・福島県立博物館寄託　p. 12

参考文献

伊藤節子「薩摩暦の歴史」『「天文学史研究会」集録』国立天文台, 2006年
井上智勝『吉田神道の四百年―神と葵の近世史―』講談社メチエ, 2013年
内田正男『暦と時の事典』雄山閣, 1986年
梅田千尋「江戸時代の晴明霊社祭」『安倍晴明公』講談社, 2002年
梅田千尋『近世陰陽道組織の研究』吉川弘文館, 2009年
梅田千尋「近世の暦流通と「暦支配」」『歴史学研究』911, 2013年
遠藤克己『近世陰陽道史の研究〈新訂増補版〉』新人物往来社, 1994年
大橋由紀夫「日本暦法史への招待―宣明暦と貞享暦を中心として―」『数学史研究』185, 2005年
嘉数次人『天文学者たちの江戸時代―暦・宇宙観の大転換―』ちくま新書, 2016年
川和田晶子「元禄時代に於ける天文暦学伝授」『科学史研究』215, 2000年
黒須潔『仙台藩の天文』大崎八幡宮, 2013年
桑原朝子「近松門左衛門『大経師昔暦』をめぐって(一)(二)」『北大法学論集』64(2)〜(3), 2013年
小池進『保科正之』吉川弘文館, 2017年
国立国会図書館参考書誌部編『国立国会図書館所蔵貴重書解題　第十巻書簡の部第一』国立国会図書館, 1980年
児玉祥吾「貞享改暦の実態」『龍谷日本史研究』37, 2014年
島薗進・高埜利彦・林淳・若尾政希編『シリーズ日本人と宗教　第一巻　将軍と天皇』春秋社, 2014年
志水義夫『澁川春海と谷重遠―双星煌論―』新典社, 2015年
杉岳志「徳川将軍と天変」『歴史評論』669, 2006年
曽我昇平「クリストファー・クラヴィウス研究―イエズス会の『学事規定』と教科書の史的分析」(愛知学院大学大学院文学研究科2014年度博士論文) http://www.agu.ac.jp/pdf/graduate/thesis/letters1/32-3.pdf (2018年10月現在閲覧可能)
平重道『吉川神道の基礎的研究』吉川弘文館, 1966年
平重道『近世日本思想史研究』吉川弘文館, 1969年
高埜利彦『近世の朝廷と宗教』吉川弘文館, 2014年
全相運『韓国科学技術史』高麗書林, 1978年
全相運『韓国科学史―技術的伝統の再照明―』日本評論社, 2005年
全勇勲「朝鮮における時憲暦の受容過程とその思想的背景」『東方學報』84, 2009年
中村彰彦『保科正之言行録』中公文庫, 2008年
中村士・伊藤節子編『明治前日本天文暦学・測量の書目辞典』第一書房, 2006年
中村士『江戸の天文学者　星空を翔ける』技術評論社, 2008年
中村士監修『日本の暦と和算』青春出版社, 2012年
中村士・吉田忠監修「小特集　渋川春海没後300周年：渋川春海研究の新展開に向けて」『科学史研究』276, 2016年
橋本敬造「『崇禎暦書』にみる科学革命の一過程」『東洋の科学と技術　藪内清先生頌寿記念論文集』同朋舎出版, 1982年
林淳「囲碁と天文―渋川春海異聞―」『文化史の諸相』吉川弘文館, 2003年
林淳『近世陰陽道の研究』吉川弘文館, 2005年
林淳『日本史リブレット46　天文方と陰陽道』山川出版社, 2006年
林淳「暦と天文」『岩波講座　日本の思想　第四巻』岩波書店, 2013年
廣瀬匠『天文の世界史』インターナショナル新書, 2017年
細井浩志『日本史を学ぶための〈古代の暦〉入門』吉川弘文館, 2014年
真壁俊信『保科正之』精興社ブックサービス株式会社, 2015年

渋川春海とその時代

西暦	元号	齢	おもな事項
1639	寛永16	1	閏*11-3* 安井算哲の長子として京都で誕生
1650	慶安3	12	父とともに江戸に出る
1652	承応元	14	*5-9* 父死去。父の跡を継ぐ。*12-28* 30石の扶持を与えられる
1659	万治2	21	*4-26* 鹿苑院の碁会に安井算知に同伴し参加。*5-23* 鹿苑院の碁会に参加。*11-24* 御城碁で本因坊道悦と対局
1663	寛文3	25	*10-24* 御城碁で本因坊道悦と対局。保科正之も見物
1666	6	28	*6-1* 京都で日食観測。この年，妻を娶る
1667	7	29	保科正之と暦について話す
1668	8	30	山崎闇斎と天文について談じ儒学を学ぶ
1669	9	31	*9-26* 林鵞峯を訪れ，授時暦による新暦を話す。閏*10-9* 林鵞峯に『春秋述暦』の序を請う。閏*10-21* 保科正之の命で圭表によって日影をはかる。*12-9* 授時暦による新暦を林鵞峯に呈する
1670	10	32	*2-* 天球儀『渾天新図』をつくる。*3-*『天象列次之図』刊行。*10-*『春秋杜暦考』刊行。秋に地球儀用の世界地図を記す。この年，渾天儀を使って天文観測を行う
1673	延宝元	35	*6-* 改暦を上表する
1675	3	37	*5-1* 日食の予測がはずれる。酒井忠清は改暦無用と発言。
1677	5	39	*5-1*『日本長暦』を著わす。*5-8* 山崎闇斎門下に入る。この年の冬，『天文分野之図』刊行
1680	8	42	*8-15* 碁打・将棋指が綱吉に扇子を献上。『日本長暦』を著わす
1681	天和元	43	*2〜4* 土御門泰福と天文観測を行う
1683	3	45	*11-6* 改暦の上表。*11-28* 霊元天皇が幕府の改暦計画を知り，一条兼輝に相談。*12-* 改暦を命じられて京都にいく
1684	貞享元	46	*3-3* 大統暦採用の宣下。*4-18* 一条兼輝，春海の口状書を見る。*10-29* 改暦の宣下。*11-28* 将軍に新暦を献上。*12-1* 碁方を免じられて天文方となる
1686	3	48	暦博士に暦術を教える。*9-7*『貞享暦書』『日本長暦』を朝廷に献上
1690	元禄3	52	*6-14* 拝領地に天文台を築く。*12-4*「順正」と改名
1692	5	54	*4-18* 束髪を命じられる。*6-14*「助左衛門」と名乗る
1696	9	58	*12-21* 綱吉の質問に答える
1698	11	60	*1-*『天文瓊統』を著わす。春に『瓊矛拾遺上巻』を著わす
1699	12	61	*3-6* 朔旦冬至を上表する。*3-* 昔尹の名で『天文成象』刊行
1700	13	62	頻繁に天文密奏を行う
1702	15	64	*9-19* 渋川姓に改める
1711	正徳元	73	*12-9* 隠居を仰せつけられる。昔尹が家督を継ぐ
1715	5	77	*4-4* 昔尹が死去。敬尹が家督を継ぐ。*10-6* 死去

林 淳（はやし まこと）
1953年生まれ
東京大学大学院人文科学研究科博士課程単位取得退学
専攻，宗教学・日本宗教史
現在，愛知学院大学文学部教授
主要著書
『陰陽道の講義』（共編，嵯峨野書院2002）
『近世陰陽道の研究』（吉川弘文館2005）
『戦後知の可能性』（共著，山川出版社2010）
『シリーズ日本人と宗教』全６巻（共編，春秋社2014-2015）
『新陰陽道叢書』全５巻（共編，名著出版2020-2021）

日本史リブレット人 050
渋川春海《しぶかわはるみ》
失われた暦を求めて
2018年11月25日　1版１刷　発行
2021年３月31日　1版２刷　発行
著者：林《はやし》　淳《まこと》
発行者：野澤武史
発行所：株式会社 山川出版社
〒101－0047　東京都千代田区内神田１－13－13
電話　03(3293)8131(営業)
03(3293)8135(編集)
https://www.yamakawa.co.jp/
振替　00120-9-43993
印刷所：明和印刷株式会社
製本所：株式会社 ブロケード
装幀：菊地信義

Printed in Japan ISBN 978-4-634-54850-3

日本史リブレット 人

1 卑弥呼と台与 —— 仁藤敦史
2 倭の五王 —— 森 公章
3 蘇我大臣家 —— 佐藤長門
4 聖徳太子 —— 大平 聡
5 天智天皇 —— 須原祥二
6 天武天皇と持統天皇 —— 義江明子
7 聖武天皇 —— 寺崎保広
8 行基 —— 鈴木景二
9 藤原不比等 —— 坂上康俊
10 大伴家持 —— 鐘江宏之
11 桓武天皇 —— 西本昌弘
12 空海 —— 曾根正人
13 円仁と円珍 —— 平野卓治
14 菅原道真 —— 大隅清陽
15 藤原良房 —— 今 正秀
16 宇多天皇と醍醐天皇 —— 川尻秋生
17 平将門と藤原純友 —— 下向井龍彦
18 源信と空也 —— 新川登亀男
19 藤原道長 —— 大津 透
20 清少納言と紫式部 —— 丸山裕美子
21 後三条天皇 —— 美川 圭
22 源義家 —— 野口 実
23 奥州藤原三代 —— 斉藤利男
24 後白河上皇 —— 遠藤基郎
25 平清盛 —— 上杉和彦
26 源頼朝 —— 高橋典幸
27 重源と栄西 —— 久野修義
28 法然 —— 平 雅行
29 北条時政と北条政子 —— 関 幸彦
30 藤原定家 —— 五味文彦
31 後鳥羽上皇 —— 杉橋隆夫
32 北条泰時 —— 三田武繁
33 日蓮と一遍 —— 佐々木馨
34 北条時宗と安達泰盛 —— 福島金治
35 北条高時と金沢貞顕 —— 永井 晋
36 足利尊氏と足利直義 —— 山家浩樹
37 後醍醐天皇 —— 本郷和人
38 北畠親房と今川了俊 —— 近藤成一
39 足利義満 —— 伊藤喜良
40 足利義政と日野富子 —— 田端泰子
41 蓮如 —— 神田千里
42 北条早雲 —— 池上裕子
43 武田信玄と毛利元就 —— 鴨川達夫
44 フランシスコ＝ザビエル —— 浅見雅一
45 織田信長 —— 藤田達生
46 徳川家康 —— 藤井讓治
47 後水尾天皇と東福門院 —— 山口和夫
48 徳川光圀 —— 鈴木暎一
49 徳川綱吉 —— 福田千鶴
50 渋川春海 —— 林 淳
51 徳川吉宗 —— 大石 学
52 田沼意次 —— 深谷克己
53 遠山景元 —— 藤田 覚
54 酒井抱一 —— 玉蟲敏子
55 葛飾北斎 —— 大久保純一
56 塙保己一 —— 高埜利彦
57 伊能忠敬 —— 星埜由尚
58 近藤重蔵と近藤富蔵 —— 谷本晃久
59 二宮尊徳 —— 舟橋明宏
60 平田篤胤と佐藤信淵 —— 小野 将
61 大原幽学と飯岡助五郎 —— 高橋 敏
62 ケンペルとシーボルト —— 松井洋子
63 小林一茶 —— 青木美智男
64 鶴屋南北 —— 諏訪春雄
65 中山みき —— 小澤 浩
66 勝小吉と勝海舟 —— 大口勇次郎
67 坂本龍馬 —— 井上 勲
68 土方歳三と榎本武揚 —— 宮地正人
69 徳川慶喜 —— 松尾正人
70 木戸孝允 —— 一坂太郎
71 西郷隆盛 —— 徳永和喜
72 大久保利通 —— 佐々木克
73 明治天皇と昭憲皇太后 —— 佐々木隆
74 岩倉具視 —— 坂本一登
75 後藤象二郎 —— 村瀬信一
76 福澤諭吉と大隈重信 —— 池田勇太
77 伊藤博文と山県有朋 —— 西川 誠
78 井上馨 —— 神山恒雄
79 河野広中と田中正造 —— 田崎公司
80 尚泰 —— 川畑 恵
81 森有礼と内村鑑三 —— 狐塚裕子
82 重野安繹と久米邦武 —— 松沢裕作
83 徳富蘇峰 —— 中野目徹
84 岡倉天心と大川周明 —— 塩出浩之
85 渋沢栄一 —— 井上 潤
86 三野村利左衛門と益田孝 —— 森田貴子
87 ボアソナード —— 池田眞朗
88 島地黙雷 —— 山口輝臣
89 児玉源太郎 —— 大澤博明
90 西園寺公望 —— 永井 和
91 桂太郎と森鷗外 —— 荒木康彦
92 高峰譲吉と豊田佐吉 —— 鈴木 淳
93 平塚らいてう —— 差波亜紀子
94 原敬 —— 季武嘉也
95 美濃部達吉と吉野作造 —— 古川江里子
96 斎藤実 —— 小林和幸
97 田中義一 —— 加藤陽子
98 松岡洋右 —— 田浦雅徳
99 溥儀 —— 塚瀬 進
100 東条英機 —— 古川隆久

〈白ヌキ数字は既刊〉